廚房裡的

フードを包む

包裝設計

福田里香 著　　連雪雅 譯

積木文化

Contents

4 　簡單方便、漂亮大方的美味食物包裝

6 　步驟圖與插畫／包裝材料／關於本書的標示

基本包裝

8 　圓塔派的基本包法

8 　　用盤子練習

10　切片塔派的基本包法

12　磅蛋糕的基本包法

14　封袋

14　　手摺封袋

15　　以橡皮筋封袋

16　拉鍊紙袋

18　　基本的拉鍊紙袋

18　　手撕式拉鍊紙袋

20　三角袋

20　　用一張紙自製三角袋

21　　用市售紙袋自製三角袋

22　法式傳統山型包法

24　中式傳統茶葉包法

26　糖果的基本包法

　　　基本的糖果包法／單扭結包法／

　　　最小紙張的牛奶糖包法／

　　　兩端三角形的牛奶糖包法／牛奶糖甜心圈

29　大糖果包法

30　包裝四方形扁盒（翻轉包法）

31　　基本的翻轉包法

32　　最小紙張的包法

32、33、34　裝盒妙點子 1、2、3

36　包裝有高度的盒子（牛奶糖包法）

37　　基本的牛奶糖包法

37　　扁盒的接合處

38　為盒子綁上緞帶　基本的綁法

39　　緞帶的基本綁法

39　　螺旋捲緞帶的作法

40　包裝圓盒（皺褶包法）

41　　基本的皺褶包法

41　　橢圓盒的包法

42　包裝圓罐（皺褶翻轉包法）

43　　基本的皺褶翻轉包法

44　　橢圓罐的包法

45　　自製標籤貼紙

46　瓶罐的基本包法

47　　麻花辮包法

48　酒瓶的基本包法

48　　自製包裝紙

50　　自製書卡

51　　馬鈴薯提籃章

51　　胡蘿蔔花章

51　日式甜品店的包裝

贈禮的創意・裝飾的創意

52　餐巾布小植栽

53　用繩子、毛線、棉線包裝

53　　用棉線捆束

53　　蝴蝶結

53　　將空盒改造成線盒

54　　里昂風格手提繩結

54　　酒瓶的手提繩結

54　　鐵絲衣架的緞帶架

54　　科梅爾西風格手提繩結

55　以繩結固定

55　　竹葉麻糬的繩結

56　　米袋的繩結

57　　招福點心的繩結

60　用棉線與毛線捆束

60　　全麥薄餅環與項鍊

61　　紙模與餅乾雙拼

61　　麻花辮繩結的包法

61　　餅乾紙模

64　活用紙膠帶

　　　抱枕型包法／密封有底紙袋／

　　　格紋裝飾／密封鐵盒

65　摺紙盒

65　　螺旋紙錐

68　創意摺紙

　　　船型盤／雙耳紙盒／三角袋／

　　　不需信封的卡片／深底盒

72　用包袱巾包裝

　　　包袱巾的基本包法／手提籃式包法／

　　　球體包法／雙邊綁結包法／

　　　細長物體的包法／圓筒包式包法／

　　　雙瓶包法／ dotting 紗布包袱巾

節日活動的包裝

76　蕾絲紙婚禮設計 1
77　　婚禮用愛心小袋
80　蕾絲紙婚禮設計 2
80　　花朵盤
81　　維多利亞小公主
81　　蕾絲紙夾層
81　　果醬蓋套
84　蕾絲紙婚禮設計 3
84　　蕾絲紙裝飾袖＆紙花戒
84　　蕾絲紙花束
85　　女僕圍裙
85　　蕾絲信封
88　蕾絲紙婚禮設計 4
89　　蕾絲紙裝飾盒／蕾絲紙內蓋
92　慶生妙點子 1
92　　蛇腹圈
93　　禮物驚喜盒
96　慶生妙點子 2
96　　蛇腹夾層
97　　奇幻萬花筒盒
100　慶生妙點子 3
100　　糖果提袋
101　　爆炸捲捲頭假髮
104　慶生妙點子 4
104　　紙帽
108　搞怪萬聖節
108　　萬聖節零食袋
109　　尖頂帽與蝙蝠面具的魔法師
112　聖誕節創意
112　　北歐風天使裝飾
113　　蛋糕捲的大糖果包法
113　　白色村民裝飾
116　和風包裝創意
116　　裝飾扇
117　　和紙包裝紙
120　甜心情人節
121　　愛心小提袋 2 款＋愛心小包
121　　白襯衫小袋
124　　自製愛心紙模
125　　圓盒的綁繩法與愛心吊飾
128　打包用紙杯

食譜

9　蘋果草莓手捏派
13　果醬茶香蛋糕
15　法式小泡芙
17　草莓黑胡椒三明治
19　奶油起司司康
22　蜂蜜糖漿葛縷子蛋糕
24　舊金山風味穀麥
27　覆盆子香料牛奶糖
29　香草戚風蛋糕
32　無奶油薑餅
33　自製馬卡龍
33　檸檬奶油餡、焦糖奶油餡
34　可愛小花糖
　　玫瑰、玫瑰果、洋甘菊
35　蛋白糖霜杯子蛋糕
44　蘋果乾
45、121　杏仁糖巧克力
46　糖漬檸檬
46　覆盆子香草果醬
47　鳳梨粉紅胡椒香甜酒
49　紅栗米甘酒
51　無花果水羊羹
55　無奶油西班牙傳統酥餅
56　杏仁太妃糖＆椰子太妃糖
57　巧克力杏仁脆餅
60　全麥薄餅
61、68、125　焦糖餅乾
77　香草巧克力夾心法式棉花糖
80　英式傳統維多利亞蛋糕
81　維也納果醬夾心餅
81　藍莓肉桂果醬
88　藍莓蛋白霜酥餅
92　無奶油胡蘿蔔蛋糕
96　蜜薑棒棒糖
101　莓果檸檬風味水
109　南瓜培根法式鹹蛋糕
112　木柴蛋糕
117　富貴福臨
124　心型雙重巧克力蛋糕

151　**包裝材料採購導覽**

簡單方便、漂亮大方的美味食物包裝

我開始對包裝食物產生濃厚的興趣，繼而出版《食物包裝》（フードラッピング／柴田書店出版）這本書，已經是 1997 年的事了。轉眼過了十多年，這本書依然受到大家喜愛，我真的非常開心。雖然《廚房裡的包裝設計》可視為舊作的改訂版，內容卻充滿嶄新的創意。

想把食物帶著走或是妥善保存，一定得包裝。而且最重要的是，基於衛生考量，必須那麼做。

既然一定得包裝，那就盡可能使用簡單方便，又能展現內容物優點的材料。

如今已是全球注重環保的時代，我也不想做過度的包裝。反正是基於個人興趣做的食物，將用過的包材回收再利用也是不錯的點子。

使用最少的材料，完成簡單方便且美觀的包裝。或是看起來可愛、簡潔的質感。讓人一看就覺得好像很好吃，忍不住想拆開的包裝，這正是本書的主旨。

例如，某天心血來潮做了些點心，若是突然想分送給某人時，包裝的「速度」就很重要。事先分一部分出來包起來保存，需用時便能泰然處之。

想送伴手禮或自備食物參加聚會時，包裝好看與否也很令人在意，總是希望可以包得快又漂亮。

每次外出採買時，我總會被食物的包裝吸引，看得目不轉睛。也常因為中意包裝，滿心期待品嘗裡面的食物，於是毫不猶豫地買單。不過，每次買的東西大部分都很好吃。我不會因為喜歡 CD 的視覺設計而衝動購買，但我認為食物的美味會透過包裝傳達出來。

漸漸地，我開始不自覺地會去觀察市面上的包裝，「這樣包超方便的啊！」、
「看起來很漂亮不是嗎？」……這些想法宛如摺紙般，在我心中交疊堆積。

本書收錄了 150 種包裝創意，以及 40 道適合送禮的美味點心食譜。許多食品
都不耐放，尤其是點心的保存，更教人費心。

我認為只要學會如何包裝點心，那麼襯衫或飾品、帽子、圍巾、鞋子、餐具、
玻璃杯、書本、玩具……任何東西都難不倒你。雖然本書的內容都是以食物為
例，其實卻是可以應用在各種物品的包裝基礎。

前半部是基本包法的解說，特別是一開始的「圓塔派的基本包法」與延伸出來
的「切片塔派的包法」、「磅蛋糕的包法」更是重點所在。一旦學起來，就能
應用在各種物品上，請務必動手試做看看。

另外，使用袋子是最常見的手法，多學幾種封袋方式，日後肯定受用無窮。

各種形狀的盒子、瓶罐、酒瓶的包法，以及打緞帶的方法也有詳細的步驟說
明，請先徹底學會基本的包法。

後半部是應用篇，彙整了許多節日活動的實用包裝。包括婚禮、生日、萬聖
節、聖誕節、情人節等，送禮或是自備食物參加聚會、與人分享時，這部分介
紹的包裝就能派上用場。

此外，本書也介紹了結合日本傳統包袱巾、摺紙與剪紙的包裝創意，還有紙
卡、小物等與包裝有關的物品作法。若能讓各位感受到包裝的樂趣，我也會很
開心。

在基礎篇與應用篇，我也分享了適合不同包法的點心食譜。每一道都是自己吃
或送人皆適宜的點心，做好後請分裝與人分享吧！

步驟圖與插畫

包裝步驟的說明，有時用圖片比較好懂，有時用插畫較易理解。本書根據包裝的種類分別使用圖片與插畫，例如，筒狀物的包法以圖片說明，繩結的綁法以插畫說明。同時，盡量分為多個步驟，進行詳細而淺顯的解說。

包裝材料

我從以前就很喜歡業務用的簡單包材，雖然都是沒有特定名稱的樸素設計，那些長久以來受到廣大群眾喜愛的包材，卻大多便宜又耐用。

本書使用的包裝紙，基本上是傳統的純白單光紙。這種輕薄的紙材質柔韌，即使是初學者用起來也很順手。另外，還有耐水耐油的烘焙紙、半透明的蠟紙（paraffin paper）、堅韌用途廣的牛皮紙、褐色條紋的雞皮紙等，配合食物的形狀分開使用。

本書使用的包裝袋，也是業務用的白色素面紙袋或牛皮紙袋，各位進行包裝時，可換成自己喜歡的顏色、圖案。若是用較貴的包裝紙，請先拿報紙等薄一點的紙張練習，熟練後再進行正式的包裝。市售點心的包裝紙也可留起來，作為日後練習用的材料，那本來就是專門用作包裝的材料，請多加利用。至於本書使用的包材，書末也列出相關店家資訊供各位參考。

關於本書的標示

1 杯＝ 200ml、1 大匙＝ 15ml、1 小匙＝ 5ml。

材料標示為「砂糖」時，可依個人喜好選用黍砂糖＊、上白糖、細砂糖、甜菜糖等。

特別標明為「細砂糖」、「糖粉」時，代表無法用其他糖類代替。

至於「手粉」，建議使用質地乾爽的高筋麵粉。如果手邊沒有，可改用低筋麵粉。

打發蛋白時，務必使用無水分及無油脂殘留的乾淨調理盆，打蛋器或手持式攪拌器亦是如此。

＊譯註：黍砂糖（きび砂糖）。類似台灣的二砂。

日文原書製作人員：

攝　　　影	日置武晴
插畫、造型	福田里香
設　　　計	中村善郎（Yen）
編　　　集	長澤麻美

基本包裝

本章將為各位介紹合理簡單、輕鬆易學的實用包裝。

只要記住最基本的方法，

往後任何東西，你都能一手「包」辦。

圓塔派的基本包法

這種包法最適合高度不高的圓形食物，例如整塊的塔或派、
烤餅、鄉村麵包、披薩、起司等。
如果在步驟 2 時，發現紙寬不足，直接摺疊即可，
不過，捲起來往下摺，可防止塵垢從接合處掉入。

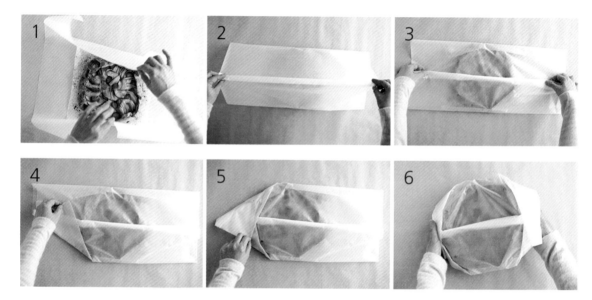

1：把派放在紙上，確認紙的大小可完全包覆派，上方與兩側沒有外露。將派連同底部的烘焙紙置於紙的中央，拉起上下兩邊。 2：兩邊對齊，往下捲摺。 3：貼合派的表面。 4：拉起左下角，往上摺成三角形。 5：拉起左上角，往下摺成三角形。 6：兩個三角形重疊的尖端摺向底部。右側也是相同摺法。

用盤子練習

給初學者的小叮嚀：貿然行事很容易失敗，請先用大小相近的盤子與不要的廢紙練習。
「1：盤子放在紙的中央。 2：拉起上下緣，對齊、往下摺。將上下兩角摺成三角形。重疊的尖端摺向底部。 3：另一邊也是相同摺法」。練習數次後，若覺得動作已經熟練，再進行正式包裝。如果要送盤子當禮物的話，這個包法當然也適用。

蘋果草莓手捏派
食譜 p.129

摺縫處貼合派的表面，讓紙以自身
的重量壓住摺縫，這麼一來，不必
貼膠帶或綁繩子也能牢牢固定。

切片塔派的基本包法

整塊圓形的派切片後，也能運用 p.8 的方法簡單完成包裝。

訣竅是要把紙摺小，直到面積小於派，再往後摺。

1：把派放在紙上，確認紙的大小可完全包覆派，上方與兩側沒有外露。把派放在紙的中央偏上方。 2：拉起左上角往下摺，貼合派的表面。 3：右上方的紙向內摺成三角形。 4：拉起右上角往下摺，貼合派的表面。 5：拉起左下角，沿著派緣往右摺。 6：拉起右下角，沿著派緣往左摺，重疊在 5 的上方。 7：再次拉起左下角，沿著派緣往右摺，重疊在 6 的上方。 8：拉起右下角，重疊在 7 的上方。這麼一來，剩下的紙就會變成比派還小的三角形。 9：最後將三角形的尖端摺向底部。

磅蛋糕的基本包法

運用 p.8 的方法也能包裝四方形的食物。
以方形烤模烤的任何蛋糕、
吐司或肉塊等，外觀呈現四方形
且具厚度的食物；或是切片的磅蛋糕、
三明治（請參閱 p.17）、巧克力棒等
較扁的食物也都沒問題。

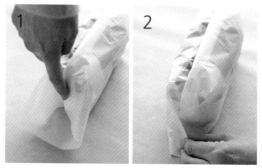

＊請參閱 p.8 的步驟 **1 ～ 3**，將蛋糕放在紙的中央，拉起兩邊
對齊，往下捲摺。 **1**：側面的上邊向下壓摺。 **2**：右邊貼合蛋
糕往內摺，左邊也是如此。重疊的三角形尖端摺向底部。另一
側也是相同摺法。p.13 的切片磅蛋糕也可這樣包裝。

果醬茶香磅蛋糕 食譜 p.129

從 p.8 至本頁的包裝方法皆無特殊名稱。這是我到歐洲旅行時，經常在販售甜點、麵包、起司、熟食、肉品……等各種食材店或早市看到的包法。如此雅致普遍的包裝，來自平民的生活智慧。

這種包法相當實用，只要用摺的就能包裝圓形、三角形、四方形等多種形狀的物品。將摺縫往底部收起，利用內容物本身的重量壓住固定，不必貼膠帶或綁繩子就很牢固，真是令人驚嘆的巧思。

而且，因為接縫在上方，拆開後，如上圖所示，蛋糕已是墊在紙上的狀態，不需要另外準備盤子就能品嘗或分切，十分方便。假如摺邊在底部就得拿起蛋糕重新放在紙上，稍嫌費事。

不過，根據日本的傳統習俗，「縫隙（切れ目）」是不吉利的象徵，所以日本人會特地將接縫隱藏在底部。雖然是小細節，隨著文化的不同，即使是方便的包裝也會有所改變。

封袋
手摺封袋

到和菓子店買日式麻糬，或是在廟會的攤販買零嘴，
像下圖這樣，不黏膠帶的封袋法依然很常見。
我從以前就很喜歡這樣的包裝，每次看到總是喜滋滋。
雖然不清楚是誰想出的妙點子，簡單俐落又牢固真的很棒。
不需要密封且重量輕的物品，用這個包法再適合不過。
包裝方法 p.139

以橡皮筋封袋

擔心受潮或含有水分等必須密封的食物，
最省時省事的方法就是裝袋後用橡皮筋綁好。
綁了好幾圈的橡皮筋，解開實在很麻煩。
不過，使用這個方法就能輕鬆解開。
偶爾會在熟食店或食材店見到這種方便的橡皮筋綁法。
一旦學會，對各種類型的食品都能派上用場。

包裝方法 p.139

法式小泡芙　食譜 p.130

拉鍊紙袋

這是我在整理紙袋時，偶然間想到的點子，

我稱它為「拉鍊紙袋」。

只要剪一剪、摺一摺，就能牢牢固定。

不必貼膠帶或貼紙便可封住袋口的巧妙包裝。

包裝方法 p.18

草莓黑胡椒三明治
用烘焙紙包起來（請參閱 p.12），裝進拉鍊
紙袋、封住袋口，充滿春天氣息的伴手禮就
完成了。
食譜 p.130

基本的拉鍊紙袋

手撕式拉鍊紙袋

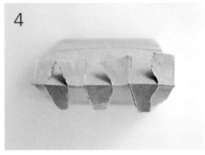

1：食物裝袋後，袋口往下摺。 **2**：再往下摺出寬8mm～2cm的摺痕（寬度依喜好決定）後攤開。以摺痕為底線，用剪刀斜剪出等距的切口。 **3**：先將單數的切口摺往同一側。 **4**：再把雙數的切口摺往另一側。

＊如上圖所示，斜剪的切口方向互相交錯，往下摺的部分會呈現梯形。

＊p.16的摺法：切口方向全部相同，往下摺的部分會呈現箭頭的形狀。在步驟1時，可以夾入細緞帶再摺袋口，連同緞帶一起剪切口。摺好後，縫隙處隱約透出緞帶的顏色，相當漂亮。

1：摺出摺痕後攤開。切口想撕多長，摺痕就摺多寬，理想寬度是2～5cm（寬度依喜好決定）。 **2**：以摺痕為底線，用手斜撕出等距的切口。**3**：食物裝袋後，先將單數的切口摺往同一側。 **4**：再把雙數的切口摺往另一側。

＊手邊沒有剪刀時，用手撕也可以。如果像「基本款拉鍊紙袋」一樣先摺袋口，紙會因為變厚而不好撕，所以不必摺袋口，直接撕袋緣即可。

奶油起司司康

最適合隨意打包帶著走的點心，莫過於司康。

有時烤比較多，總會想與身邊的人分享。

多學會幾種封袋方法，要用的時候就很方便。

食譜 p.130

三角袋

三角袋的內部空間大,適合包裝脆弱易碎的物品。

若用市售的紙袋,將袋口撐開,與底部呈垂直方向摺合,就會變成三角形。

不過,就算手邊沒有袋子,用一張紙也能做。假如裝袋的食物不重,

不必貼膠帶或塗膠水,摺一摺、剪一剪,三兩下就能封住袋口。

用一張紙自製三角袋

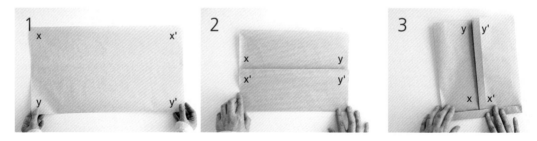

1:準備一張長方形的紙。本書使用 54cm×30cm 的紙,可以做成邊長約 22cm 的三角袋。 **2**:紙張旋轉 90 度,長邊的兩端 x-x' 與 y-y' 對齊,往下摺兩次,每次摺 2cm 的寬度,做成圓筒狀。將摺合處置於中央,壓出清楚的摺痕後,壓平整張紙。 **3**:開口的其中一邊摺 3 次,每次摺約 2cm 的寬度,壓出清楚的摺痕。↗

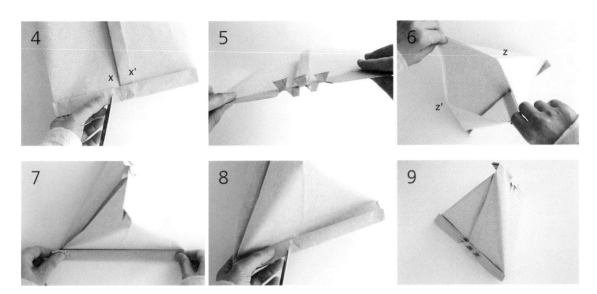

4：從 3 的摺邊用剪刀斜剪出深 1cm 的切口（請參閱 p.18），共剪 6 個。 **5**：將切口交錯摺向兩側。 **6**：用手撐開另一邊的袋口，裝入食物。 **7**：對齊兩端的 z-z' 壓合、摺 3 次，每次摺約 2cm 的寬度。 **8**：從 7 的摺邊用剪刀斜剪出深 1cm 的切口，共剪 6 個。 **9**：將切口交錯摺向兩側。

＊如果內容物較重，請將步驟 **2**、**3**、**7** 的摺痕用膠帶或膠水固定。

用市售紙袋自製三角袋

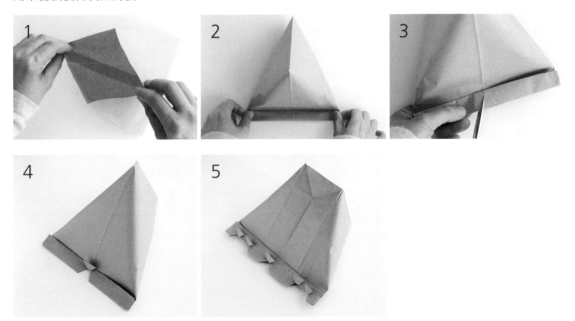

1：準備一個平口紙袋。裝入食物後，將袋口兩端對齊壓合，自然就形成三角形。 **2**：袋口往下摺 2～3 次，壓出清楚的摺痕。 **3**：從摺邊用剪刀斜剪出深 1cm 的切口（請參閱 p.18），一共剪出兩個。 **4**：切口往上摺。 **5**：若是用有底的紙袋，做好的三角袋較寬。

＊如果內容物較重，請不要剪切口，改以膠帶或膠水固定。

法式傳統山型包法

這是法國糕點鋪自古以來的包裝方式。

不用盒子，只用一張紙就能包好蛋糕。

初次去巴黎旅行時看到，我立刻被吸引，

小心拆開買來的蛋糕，獨自在飯店裡練習包。

包好後的形狀宛如尖頂山峰，

不會破壞蛋糕的裝飾，

綁上繩子就能拎著走，相當方便。

蜂蜜糖漿葛縷子蛋糕 食譜 p.131

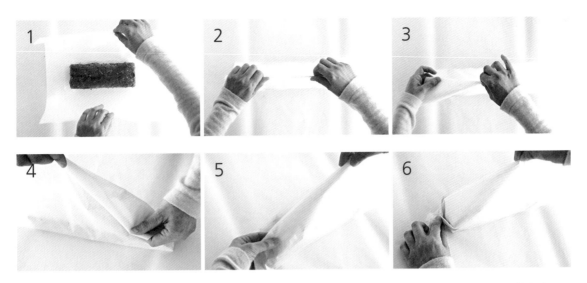

1：把蛋糕放在紙上，確認紙的大小可完全包覆蛋糕，上方與兩側沒有外露。 **2**：將蛋糕置於中央，拉起上下兩邊對齊。 **3**：右手抓住中央（＝山型的頂端），左手把紙朝尾端斜摺。 **4**：背面呈現的狀態。 **5**：多餘的紙往內捲，使頂端與尾端呈一直線。 **6**：尾端兩角朝中心壓平，交疊成一個三角形。✓

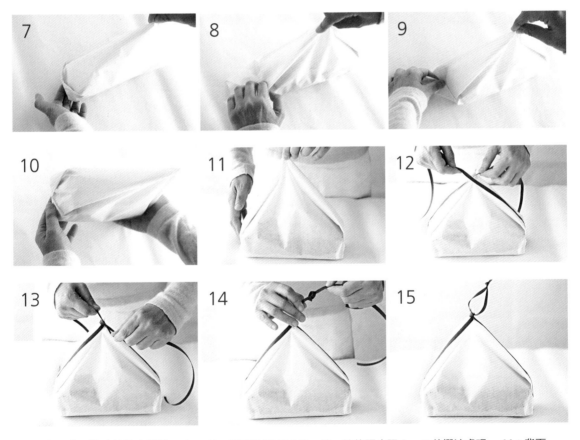

7：把三角形的尖端往底部摺。 **8～10**：蛋糕旋轉 180 度，另一端依照步驟 3～7 的摺法處理。 **11**：背面呈現的狀態。 **12**：將繩子從底部拉至頂端。 **13**：纏繞紙的頂端 2、3 圈，打平結固定。 **14**：在打結處上方約 5cm 的位置打個結，做出環圈，當成提把。 **15**：完成後的正面。

中式傳統茶葉包法

舊金山風味穀麥　食譜 p.131

來自北京百年茶鋪「張一元茶莊」的包裝。

店員以熟練的手法迅速包好茶葉，

我一眼就愛上那個包法，一直暗中觀察怎麼包。

茶葉不會掉出來的祕密在於將兩張紙重疊，過程中再分開摺。

沒想到如此簡單，卻也令人嘖嘖稱奇。

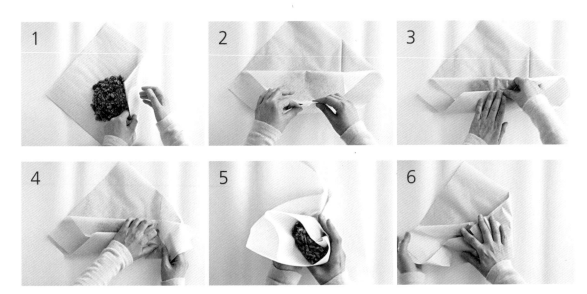

1：準備約 25 ～ 35cm 見方的包裝紙，再放上相同尺寸的烘焙紙（防水紙），擺成菱形，讓其中一角朝向自己。將 1 杯左右的穀麥置於紙的中央。將紙的右側壓出一條直的摺痕。 2：把朝向自己那一角的上下兩張紙與對面那一角的烘焙紙拉起對齊。 3：用手往下捲摺，貼合穀麥。 4：順著 1 的摺痕，摺疊右側的紙。 5：用手抓扶立起，朝桌面輕敲，讓穀麥均勻分布。 6：放平，摺疊左側的紙。✓

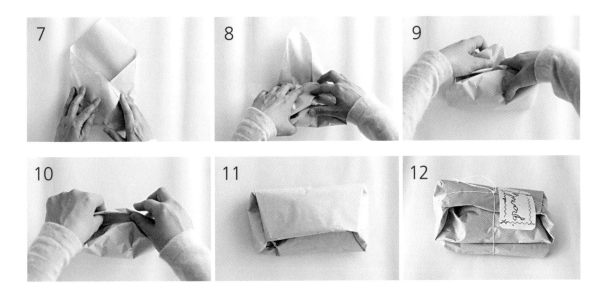

7：摺疊後的狀態。 8：將穀麥從身側滾向另一側。 9：將另一側的角塞入摺疊時形成的口袋。 10：塞入口袋的狀態。用手指壓緊，壓出摺痕。 11：完成。用這個包法，不必貼膠帶就很牢固。 12：兩包疊在一起，以繩子綁好、貼上標籤，就是一份很棒的禮物。

＊在中國，包裝是「包福（包住幸福）」的吉利象徵。在北京，人們會用兩張紙包裝禮品，意味著「福氣雙臨」。「張一元茶莊」也是用這樣的包法。

＊雖然本書示範的是穀麥，舉凡茶葉、香草、香料、穀類等粗粒狀的食品都很適合這種包裝。

糖果的基本包法

牛奶糖與糖果的多種創意包法。

a　扭轉兩端封住內容物，通稱「糖果包法」的簡單基本款包裝，能應用在任何食物上（包裝方法 p.28）。

b　將食物擺在紙的對角線上就能用最小紙張完成包裝（包裝方法 p.139）。

c　用剪刀在兩端剪幾刀，做出流蘇般的義大利古典裝飾（包裝方法 p.28）。

d　將其中一端摺疊包好，另一端扭轉固定，這也是在義大利看到的包法（包裝方法 p.28）。

e　刻意把兩端摺成尖尖的三角形，在國外是牛奶糖或糖果的傳統包法（包裝方法 p.139）。

覆盆子香料牛奶糖
食譜 p.132

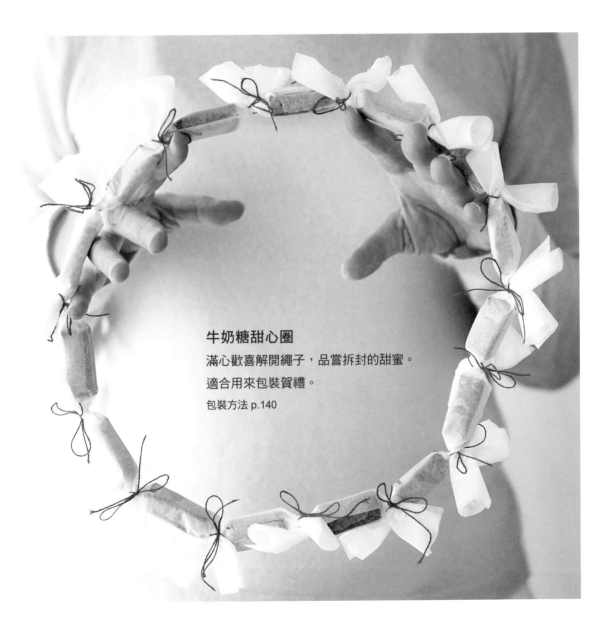

牛奶糖甜心圈
滿心歡喜解開繩子，品嘗拆封的甜蜜。
適合用來包裝賀禮。
包裝方法 p.140

a、c：基本的糖果包法

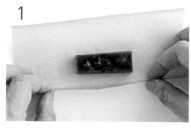  

＊備妥防水蠟紙。**1**：將蠟紙裁成兩端可扭結的長度、能夠包覆牛奶糖一圈半的寬度。用叉子舀起牛奶糖，置於紙的中央偏下方，下緣的紙往上摺。**2**：將牛奶糖翻轉至上緣。**3**：扭緊兩端，讓牛奶糖固定。**4**：完成的狀態（p.26 的 c 是先剪開紙的兩端再進行包裝）。

＊紙的接合處太短，內容物會外露，一圈半的寬度剛剛好。

d：單扭結包法

＊備妥防水蠟紙。**1**：將蠟紙裁成兩端可扭結的長度、能夠包覆牛奶糖一圈半的寬度。用叉子舀起牛奶糖，置於紙的左側偏下方，下緣的紙往上摺。**2**：左下端對齊牛奶糖的邊角摺起。**3**：摺好的形狀呈三角形。**4**：左手拉起左側的紙往上摺，蓋住牛奶糖表面，右手抓住牛奶糖下方，向上翻轉。**5～6**：翻轉一圈後，把上緣的紙往下摺。**7**：扭轉邊端，讓牛奶糖固定。**8**：完成的狀態（p.26 的 d 是先剪開紙的一端再進行包裝）。

大糖果包法

只要改變奶油的塗法，就能把整個
戚風蛋糕包起來。

包裝方法 p.140

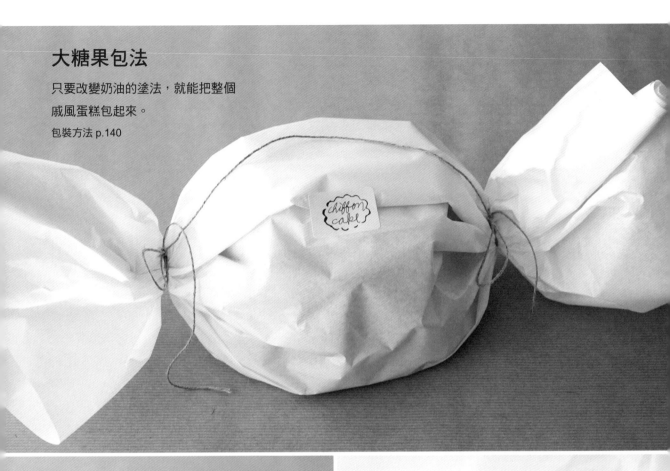

訣竅就是將奶油填入中間的洞。
這麼一來，包裝時就會容易許多。

香草戚風蛋糕

拆封後，用刀子切開，
便能享用到鬆軟的蛋糕與滿滿的奶油。

食譜 p.132

包裝四方形扁盒
翻轉包法

因為包裝時會翻轉盒子，
所以稱為「翻轉包法」。
動作熟練後，就能快速完成漂亮的包裝，
對一天要包裝數百個商品的人氣店家來說，這一種包法很常見。
四方形扁盒是最基本的款式，
學會怎麼包真的很方便。從袋裝煎餅到懷舊零食、
乾貨、醃漬品、薄木紙包裝（経木包み）的和菓子等「柔軟的食物」，
也能包得整齊美觀。

基本的翻轉包法

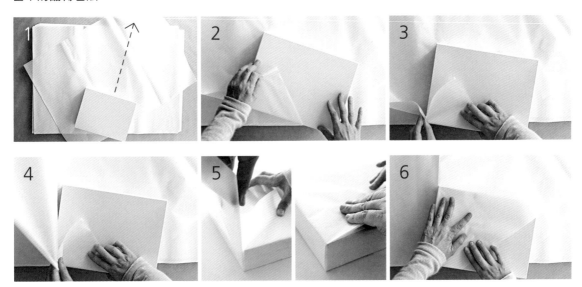

1：將紙斜擺成45度，盒子放在對角線上，並讓右下角超出紙面。沿著圖中虛線所指方向，把盒子向上翻轉，確認紙的大小是否足夠包覆至盒底，以及左右兩側摺起後，盒子會不會有外露的部分。 **2**：把盒子放回1的位置，拉起下緣的紙蓋住盒子表面。 **3**：左下端對齊盒子的邊角，將多餘部分往內摺。 **4**：左下端對齊盒子的邊角，沿著側面拉起。 **5**：配合盒子的邊角，調整紙的摺線。 **6**：蓋住盒子表面。✓

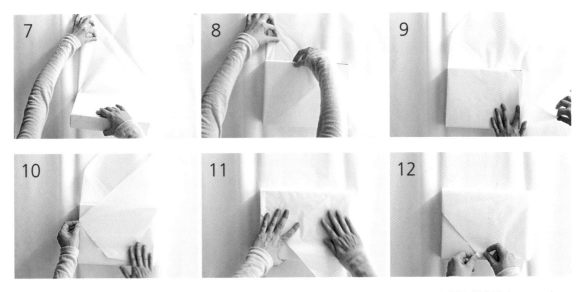

7：左手拉緊左側的紙，貼齊盒子的邊角，右手將盒子向上翻轉。 **8**：盒身左側與下方紙邊對齊貼合。 **9**：右下端對齊盒子的邊角，將多餘部分往內摺。 **10**：右下端對齊盒子的邊角，沿著側面拉起，蓋住盒子表面。 **11**：上端對齊盒子的邊角，將多餘部分往內摺，蓋住盒子表面（此圖是背面）。 **12**：將多餘的紙往內摺，貼膠帶固定，翻回正面。

最小紙張的包法

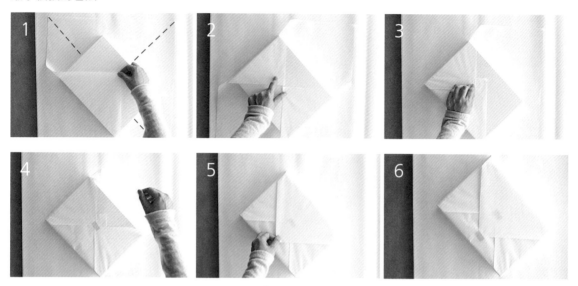

1～2：將盒子置於對角線中央，依序拉起紙的四角，確認是否有多出 5～6cm 可完整包覆邊角。 3：盒底朝上，擺在 1 的位置。拉起左下角的紙蓋住盒子表面，左側多餘的部分往內摺，蓋在左下角的紙上。配合盒子的邊角調整紙的摺線。 4：右側也是相同摺法，摺好後貼膠帶固定。 5：剩下的右上角也是相同摺法。 6：紙邊以膠帶固定。這面是盒底，翻回正面即完成。

裝盒妙點子 1

將大片的餅乾，一片片裝入市售的漢堡袋
立起放進盒內。漢堡袋有多種尺寸，
本書是用最小的款式。這樣的包裝方便拿取，
吃的時候也不會弄髒手。

無奶油薑餅 食譜 p.133

自製馬卡龍　食譜 p.134
檸檬奶油餡、焦糖奶油餡　食譜 p.134

裝盒妙點子 2

直立裝盒時，只要用紙張當作簡單的隔板，
即使質地脆弱易碎的食物也能保持形狀完整。
一個小動作，就能讓感覺大為不同。

可愛小花糖
玫瑰、玫瑰果、洋甘菊 食譜 p.133

裝盒妙點子 3 小巧精緻的砂糖點心或是像杯子蛋糕一樣帶裝飾的食物，
裝在附有格子狀隔板的盒內，移動時就不必擔心碰撞受損。

蛋白糖霜杯子蛋糕
食譜 p.135

只裝一個蛋糕時也很方便。

配合盒子的尺寸,將裁至細長狀的厚紙
用剪刀剪出切口,交叉組裝即完成。

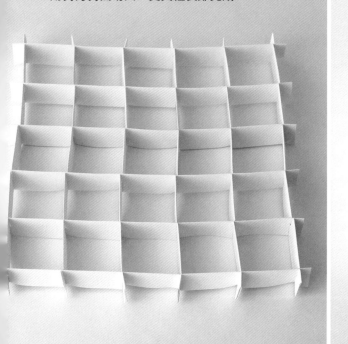

假如盒子尺寸不合,不必蓋上蓋子,參閱
p.23 的方法包裝成山型也很好看。

包裝有高度的盒子
牛奶糖包法

包裝四方形骰子狀的立方體盒時，
通常會用「牛奶糖包法」。
可用最小的紙包裝也是其優點。
若紙張太大反而會影響整體美觀，
因此立方體盒不適合用 p.30 的「翻轉包法」。

基本的牛奶糖包法

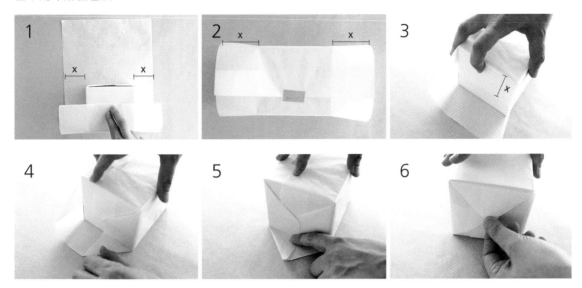

1：紙的長度＝包住盒子後上下邊重疊2～3cm、紙的寬度＝盒子置中，兩側往上摺起，x部分至少要超過盒面中央2cm。 **2**：紙打直，盒底朝上置於紙的中央，拉起上下邊蓋住盒子，貼膠帶固定。 **3**：x的部分往下摺。 **4**：左右兩側朝中心往內摺。 **5**：對齊盒子的邊角壓出摺痕，將下方的紙收成三角形。 **6**：盒子上下翻轉，將三角形往下摺。 **7**：貼膠帶固定。

扁盒的接合處

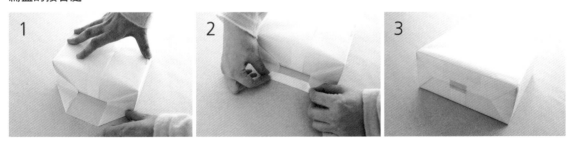

1：依照上文步驟1～4的摺法進行包裝，扁盒收邊後下方呈梯形。 **2**：將梯形的上底往內摺一折。這麼一來，完成後接合處便會落在中央。 **3**：盒子上下翻轉，將梯形往下摺，貼膠帶固定。

為盒子綁上緞帶　基本的綁法

餅乾或糖果的盒子、和菓子的包裝、

鐵道便當盒、酒桶或茶葉罐……

這些物品的繩結總會激發我的好奇心。

功能性與裝飾效果兼具正是吸引我的地方。

接下來介紹幾款我很喜歡的緞帶綁法，

學會這些綁結法及螺旋捲緞帶的作法，日後將受用無窮。

基本的緞帶綁法

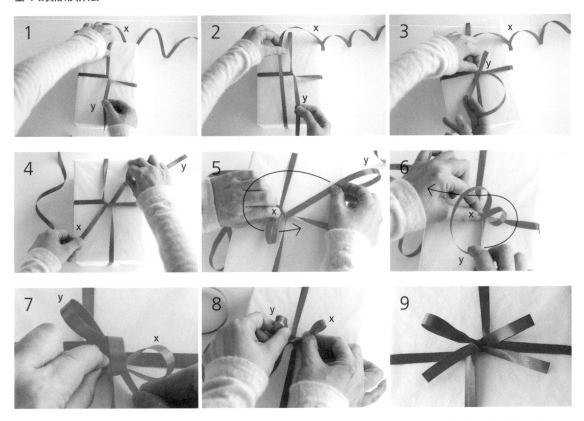

1：用緞帶在盒子上橫繞一圈，中心交叉，再縱繞一圈。 2：準備在十字上綁結。 3：將「右手的緞帶」從十字的交叉點由左下往右上穿入。 4：拉起兩端，斜向拉緊。 5：把「左手上左下的緞帶 x」做出環圈，「右手上右上的緞帶 y」以逆時針方向繞過環圈根部。 6：繞過 x 環圈後，將「緞帶 y」做出環圈，穿入十字上方形成的縫隙。 7：環圈穿入後的狀態。 8：拉緊十字左右的環圈。 9：調整環圈的形狀，剩下的緞帶剪成喜歡的長度。

＊如果綁完十字（步驟 4）後，緞帶的方向與照片相反，也就是緞帶 y 是出現在「右下」的話，就將緞帶 y 做出環圈，以順時針方向繞過「左上的緞帶」。只要掌握一個原則：把「下方的緞帶」做成環圈，繞過「上方的緞帶」就能在正確位置打出蝴蝶結。其他的緞帶綁法請參閱 p.141。

螺旋捲緞帶的作法

1：以剪刀刀背刮劃緞帶數次，直到緞帶出現捲度。 2：穿入十字結點下方數次固定。 3：調整好形狀即完成。

＊就算不是專用的緞帶，像本書一樣使用平價的素面緞帶，或是和菓子包裝常用的扁平狀紙繩也能做出漂亮的螺旋捲。螺旋捲緞帶的其他用法請參閱 p.101。

包裝圓盒
皺褶包法

烘焙點心或糖果、乾貨等，
為避免受潮，通常會裝在圓盒裡。
包裝時加上美麗的皺褶，
保持均等的間隔是重點。
細密整齊的皺褶紋路，營造出優雅的氛圍。

基本的皺褶包法

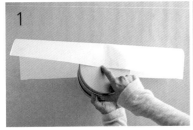 

1：測量紙的寬度。用紙包夾盒身，摺起來的部分比半徑短2～3cm即可。 **2**：測量紙的長度。將盒子橫放在紙的中央，兩邊的紙順著圓盒側面繞一圈，若有3cm的重疊即可。接合處貼膠帶固定。 **3～4**：先包底面。把紙從圓周拉向中心，蓋住底面，從靠近手的位置依序做出皺褶。最後在中心貼上貼紙。 **5～6**：把圓盒立直，依照步驟3～4的方法做出皺褶、包住頂面。 **7**：中心貼上貼紙。

＊圓盒立著包比較好包，先包好底面，最後再包頂面。

橢圓盒的包法

1：用紙包覆盒身，接合處貼膠帶固定。沿著橢圓的弧度，將底面與頂面的紙邊做出皺褶。 **2**：把皺褶往內側摺起重疊。 **3**：收摺好的紙邊交疊於中央，貼膠帶固定。

包裝圓罐
皺褶翻轉
包法

常用來裝茶葉或煎餅、糖果、
義大利麵等的圓筒狀容器，
運用翻轉和摺皺褶完成包裝。
動作熟練後，就能包得快又好看。
p.40 的圓扁盒若是用這種包法會出現多餘的紙邊，
影響整體美觀，因此並不適合。

42

基本的皺褶翻轉包法

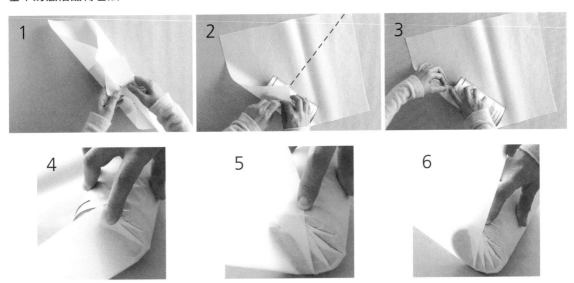

1：將圓罐倒放在紙的對角線中央，上下、左右皆不超出紙的範圍。確認紙的大小可完整包覆圓罐。 2：把紙斜擺成 45 度，圓罐倒放在右手前的對角線上。拉起下方的紙邊，蓋住圓罐表面。3：從左側開始，對齊圓周，將多餘的部分摺成皺褶。 4～6：以右手壓住皺褶（在手指的位置貼上膠帶更好操作），左手拉緊多餘的紙，逐一摺疊出皺褶。✓

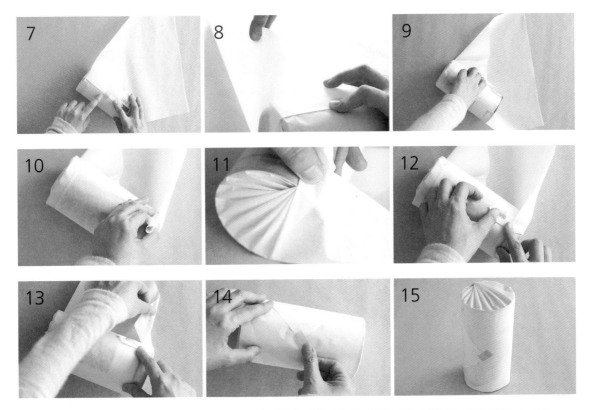

7：摺至圓周的 2/3 後，貼膠帶固定。 8～9：左手拉起紙邊，對齊圓罐的邊緣，將圓罐向後翻轉半圈。 10～11：右側也用相同方法做出皺褶。 12：摺完的尾端貼膠帶固定。 13：左手拉起紙邊，對齊圓罐的邊緣，將圓罐向後翻轉半圈。 14：紙邊貼膠帶固定。 15：完成的狀態。

橢圓罐的包法

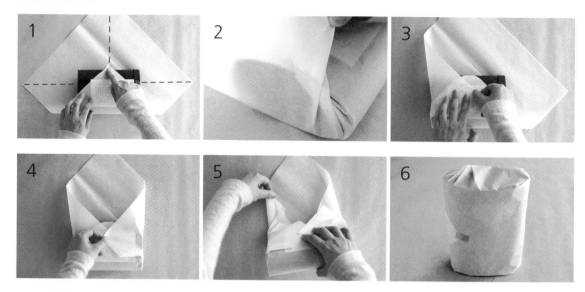

1：將紙擺成菱形，橢圓罐倒放於中央，依序拉起四個角蓋住表面。若有多餘的紙可以包覆邊端，表示這樣的尺寸剛好。先用下方的一角蓋住橢圓罐。 **2**：請參閱 p.43 的皺褶摺法，將左側包好。上圖是側邊呈現的狀態。摺到皺褶超過圓弧處，呈現垂直的狀態。 **3**：貼膠帶固定。 **4**：以相同摺法處理右側。 **5**：用左手把左側多餘的紙往內側拉，右手將橢圓罐向上翻轉。 **6**：紙邊貼膠帶固定。

蘋果乾

將烘焙紙捲成棒狀放入中間的洞，

這麼一來就算拿著走也不會搖晃移動。 食譜 p.135

自製標籤貼紙

用餅乾壓模當作印章，
蓋在市售的素面標籤貼紙上，
立刻變得很可愛。
因為是貼在食品上，
故以食用色素代替顏料。

杏仁糖巧克力

貼上自己手工做的標籤，
收到的人馬上就能知道內容物是什麼。
食譜 p.122

45

瓶罐的基本包法

手工自製的「罐裝醃漬物」一直都是最適合與好朋友分享的東西。
隨著包裝方式的不同，質感也跟著提升。

糖漬檸檬
食譜 p.136

覆盆子香草果醬
食譜 p.136

把紙邊摺起收好就完成。
這個簡單實用的包法，
是來自延傳許久的酒瓶包裝。
老式的框線標籤貼紙充滿懷舊感，
拿來當作食品標籤，簡潔素雅。　包裝方法 p.142

麻花辮包法

喜愛麻花辮的人,
看了肯定躍躍欲試。
假如手邊的紙太長,
剪了又怕不夠時,
請試試這個方法。

**鳳梨粉紅胡椒
沙瓦香甜酒**
食譜 p.137

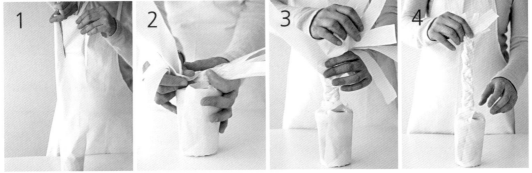

1:將紙裁成可纏繞瓶身一圈半的寬度、高過瓶身 15 ～ 30cm 左右的長度。依照 p.142 的方法包好底面。把瓶罐立直,用剪刀把剩下的紙縱向剪成 3 等分,剪至瓶蓋處。 **2 ～ 4**:依序交叉 3 束紙條,編成麻花辮(請參閱 p.63)。依個人喜好剪短即完成。

酒瓶的基本包法

包裝方法 p.142

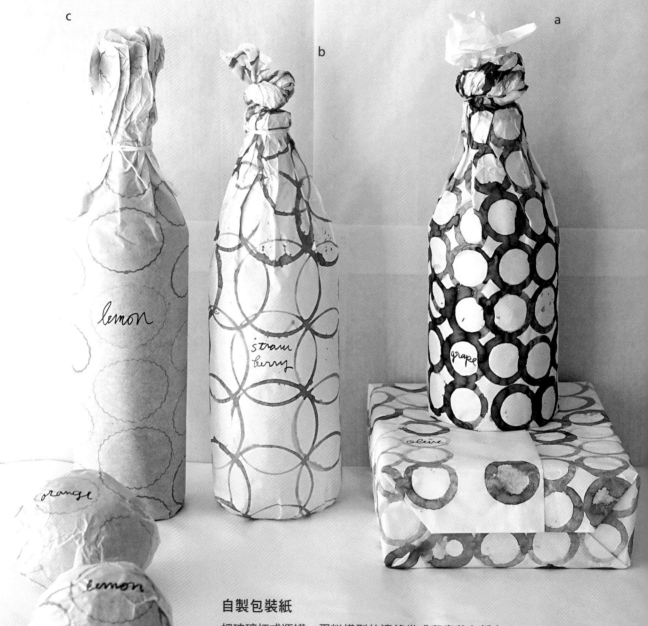

自製包裝紙

把玻璃杯或瓶罐、蛋糕模型的邊緣當成印章蓋在紙上。

因為是用來包裝食品，將食用色素以水溶解代替顏料。

食用色素經常用不完，這是有效利用的好方法。

萃取自植物的色素，色調感覺很自然。

紅栗米甘酒
食譜 p.137

自製書卡

感謝的話或是吃法的說明、食譜作法……

送禮時想附上小卡的話，這是不錯的點子。

在影印紙或信紙上劃幾刀，以段摺法摺疊成蛇腹狀，

就是一本可愛的小書。用馬鈴薯或胡蘿蔔、白蘿蔔刻章蓋印，

一張充滿個人特色的卡片就完成了。

作法 p.143

無花果水羊羹
食譜 p.138

胡蘿蔔花章
作法 p.144

日式甜品店的包裝

把水羊羹液倒入市售的包裝容器，
冷卻凝固後，就能直接分送。
先在外層包上一張紙，再用橡皮筋固定，
復古可愛的包裝，
就像從日式甜品店買來的一樣。

馬鈴薯提籃章

作法 p.144

贈禮的創意
裝飾的創意

餐巾布小植栽
作法 p.145

用繩子、毛線、棉線包裝

我很喜歡這三種材料，
經常用來包裝物品。
在此與各位分享我學到的
綁結法及自己想到的方法。

蝴蝶結

這是不經意「玩」成的自創繩結。
與法式甜點名店 A.Lecomte 的
「幸運草結」是不同綁法。

包裝方法 p.145

用棉線捆束

用棉線把紫羅蘭等
花莖纖細的野花綁成花束。

將空盒改造成線盒

這樣可避免線糾結成團，在空盒的蓋子或底部打洞、
裝雞眼釦，就能改造成線盒重新利用。

里昂風格手提繩結

將蝴蝶結的兩個圈交纏，做成手提繩結。

這是里昂（Lyon）某間不知名甜點店的綁法。

包裝方法 p.146

酒瓶的手提繩結

用麻繩在酒瓶上綁個結。

提起來時，

酒的重量會收緊繩結。

包裝方法 p.146

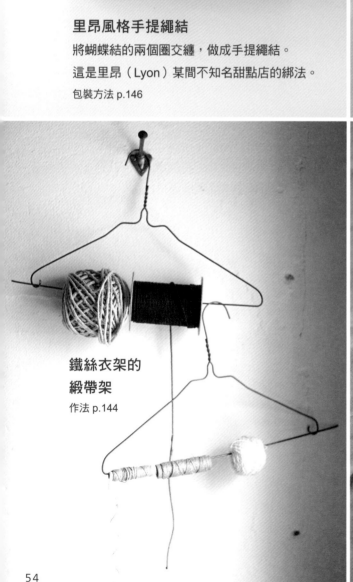

**鐵絲衣架的
緞帶架**

作法 p.144

科梅爾西風格手提繩結

在瑪德蓮發源地科梅爾西（Commercy）看到的綁法。

他們將瑪德蓮裝入橢圓形木片盒，外頭再綁上紅繩，

令人印象深刻。　包裝方法 p.147

以繩結固定

不知何時流傳在街頭巷尾的繩結綁法，令人愛不釋手。

以最少的材料發揮出最佳效果，施力點也經過周全考量。

每種綁法都很棒，請各位務必試一試。

無奶油西班牙傳統酥餅
食譜 p.138

竹葉麻糬的繩結
只需準備紙和繩子。
原本是用竹葉及稻草，
換成方便取得的紙與繩子
就能包裝各種點心。
包裝方法 p.147

米袋的繩結

將日本傳統米袋的綁法略做改變。
材料只需要繩子和袋子。
利用內容物本身的重量收緊袋口，
因此像棉花糖那樣輕盈的食品並不適用。
包裝方法 p.59

杏仁太妃糖 &
椰子太妃糖
食譜 p.58

招福點心的繩結

這是日本的品川千躰荒神祭時，
路邊小販賣的招福點心
「鍋灶米香」（釜おこし）的綁法。
同樣只用了繩子和袋子，
藉由內容物的重量收緊袋口。
包裝方法 p.59

巧克力杏仁脆餅

食譜 p.58

杏仁太妃糖＆椰子太妃糖

成品圖 p.56

美國的經典家常點心。做成薄片能讓焦糖與巧克力、堅果形成完美組合。這道點心很適合愛喝咖啡的人。

杏仁太妃糖

材料（20cm 的正方形烤模，1 個）

*a

細砂糖	100g
水	3 大匙
水飴	2 大匙
無鹽奶油	110g
杏仁果	50g
巧克力磚	2 塊

1　事前準備：烤模內鋪入烘焙紙，巧克力切碎備用。

2　杏仁果放入平底鍋，以小火乾炒至變得脆硬。或是放進烤箱，以 150℃ 烤 10 分鐘。

3　待 **2** 放涼後，用菜刀切碎。

4　*a 下鍋，以小火加熱。邊煮邊用木匙攪拌，煮到變成焦糖色後，倒入烤模。

5　在 **4** 的上方撒滿切碎的巧克力。待焦糖的餘溫將巧克力融化後，用餐刀均勻抹平（A）。

6　將 **3** 撒在 **5** 上，用湯匙背面輕壓，使其鑲入巧克力，擺在屋內較陰涼的地方。

7　待 **6** 完全凝固後，切成 4cm 見方的塊狀，裝進密封容器保存。

椰子太妃糖

把杏仁果換成 40g 的椰絲，做出來就是椰子太妃糖（p.56 圖右）。

巧克力杏仁脆餅

成品圖 p.57

杏仁脆餅（Croquant）是法式點心，原本是酥脆的意思。我的獨創作法是像炸天麩羅一樣，把巧克力沾裹上杏仁角麵糊後再進烤箱烤。

材料（巧克力磚，2 塊）

巧克力磚（Black）	2 塊
蛋白	1 顆的量
細砂糖	100g
杏仁角	50g
低筋麵粉	30g

1　事前準備：烤箱預熱至 160℃。巧克力磚沿著格線掰開。

2　在調理盆內倒入蛋白與細砂糖，用 90℃ 的熱水隔水加熱（A）。以橡皮刮刀仔細攪拌，直到砂糖顆粒變小，融入蛋白。

3　移開 **2** 底下的熱水，加入杏仁角。篩入低筋麵粉，充分拌勻。

4　掰開的巧克力放進 **3** 裡均勻沾裹。以叉子撈出，保持相等間隔，排放在鋪了烘焙紙的烤盤上（B）。

5　放進烤箱烤 25 ～ 35 分鐘，烤至上色。連同烤盤一起放在蛋糕冷卻架上，放到完全冷卻（剛烤好時很軟，冷卻後會變得脆硬）。用抹刀輕輕鏟起，裝進密封容器保存。

A

A

B

米袋的繩結

成品圖 p.56

材料

約袋寬 3 倍長的繩子　1 條

1 繩子置於袋口外側，將繩子與袋口一起向下捲摺 2～4 次（A）。

2 捲摺好的狀態（B）。繩子的兩端交叉綁住、打平結固定。或是打成蝴蝶結。

3 在打結處上方 8cm 左右的位置再打個結，做出環圈，當作提把（C）。

招福點心的繩結

成品圖 p.57

材料

長約 30cm 的繩子　1 條

1 繩子兩端對齊、打個結，做出環圈，套入袋口下 5～7cm 的位置（A）。

2 袋口收攏成束，往後朝環圈外側摺下，捏住環圈纏繞一圈（B）。

3 如圖所示，將打結處由下穿入上方的空隙，用力拉緊（C）。

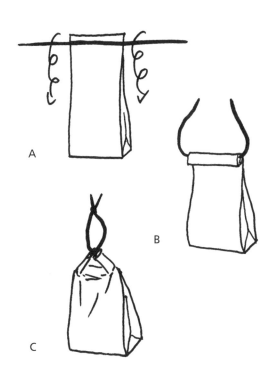

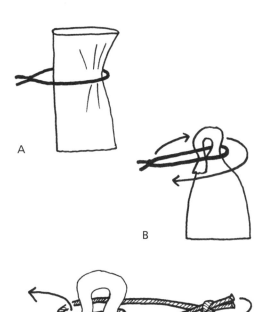

用棉線與毛線捆束

不知道怎麼包裝時，試著花點時間研究看看，
捆一捆、綁一綁，其實一點都不難。
看似沒什麼的小動作，正是包裝的訣竅。

全麥薄餅　食譜 p.62

全麥薄餅環與項鍊

脆弱易碎的薄餅，輕輕綁好後裝袋就沒問題。
先在中間挖個洞，就能用手指輕鬆取出。
在麵團上壓印章，烤出來即形成有趣的烙印。
用繩子綁住的小書是將 p.143 的 b 做成一半的大小，
再貼上厚紙當作封面。
洞的餅皮也別浪費，在上面刺一個小洞、進爐烘烤，
穿一條繩子，就能做成項鍊。

紙模與餅乾雙拼

贈送餅乾時，
把餅乾紙模與食譜一起送給對方。
紙模用毛線綁起來就不會佔空間，
收到的人也會滿心期待地解開。

麻花辮繩結的包法

將圖案精美的義大利麵空袋回收再利用。
全部裝好後，將袋子多餘的部分編成麻花辮，
以毛線打結固定。　包裝方法 p.63

焦糖餅乾　食譜 p.62

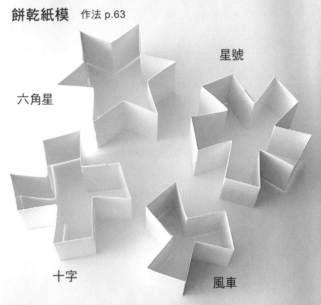

餅乾紙模　作法 p.63

星號

六角星

十字

風車

全麥薄餅

成品圖 p.60

這個薄餅與起司或肉醬、果醬非常搭。極薄的餅皮是美味的關鍵。將麵團靜置一天就能擀得像紙一樣薄。

材料（直徑 20cm 的圓形，16 片）

全麥麵粉	150g
低筋麵粉	150g
泡打粉	1 小匙
鹽	1 小匙
水	180～200ml

英文字母章、杯子、吸管

1 在調理盆內倒入麵粉、泡打粉、鹽略為混拌。加 180ml 的水，用手快速揉成耳垂般的硬度。若麵團有粉粒殘留，可少量地加水，揉到麵團變得光滑。

2 麵團用保鮮膜包好，放進冰箱冷藏一天。

3 將 **2** 分成 16 等分。

4 把 **3** 的 1 塊麵團置於揉麵板上，撒上手粉（分量外）。用擀麵棍擀壓成厚 2mm、直徑 20cm 的極薄麵皮。中間用杯緣壓出一個空心圓。取下的圓用吸管壓出小洞。在麵皮上壓英文字母章（A）。

* 剩下的 15 塊同樣依步驟 **4** 的作法擀薄、壓章。

5 將大圓與小圓的麵皮放入鋪了烘焙紙的烤盤，送進烤箱，用 180℃烤 10～15 分鐘，烤至脆硬。取出後置於網架上放涼。

* 一般家用烤箱可放約 30cm 見方的烤盤，所以一次烤一組（若能放兩層烤盤，一次可烤兩組）。烤的過程中，順便擀壓麵皮，這樣就不會浪費時間。

* 因為餅皮容易受潮，綁好繩子後，建議裝進密封容器保存。

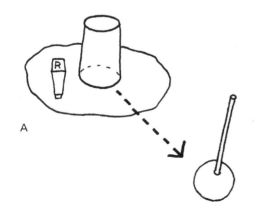

A

焦糖餅乾

成品圖 p.61、p.125

帶著焦糖風味的簡單餅乾，好吃到令人一吃就停不下來。適合送給不喜歡巧克力的人，或當作婚禮小物、白色情人節的回禮也很棒。

材料（長 5～7.5cm 的心形，約 100 個）

無鹽奶油	140g
砂糖	130g
蛋	1 顆
肉桂粉	1 小匙
榛果粉（或是杏仁粉）	100g
低筋麵粉	200g
泡打粉	1 小匙

＊a

細砂糖	3 大匙
水	2 大匙＋3 大匙

1 取一小鍋，倒入 ＊a 的細砂糖與 2 大匙水，加熱煮成褐色稠狀。接著關火，加 3 大匙水，靜置放涼。

2 將置於室溫下回軟的奶油與砂糖放入調理盆，用橡皮刮刀拌匀。接著少量地倒入蛋液混拌，再倒入 **1**、肉桂粉、榛果粉拌一拌。

3 低筋麵粉和泡打粉一起篩進 **2** 裡，以橡皮刮刀大略混拌成團，用手輕輕揉圓，放進冰箱冷藏 2 小時以上（如果時間充裕，最好是要烤的前一天做）。

4 把 ⅓ 的 **3** 放在鋪了烘焙紙（裁切成烤盤的大小）的揉麵板上，用撒了手粉（分量外）的擀麵棍擀開成 4mm 的厚度。

5 用紙模在 **4** 的麵團上保持 1cm 的間距壓出愛心。周圍的部分以餐刀前端輕輕切除，只留愛心在烘焙紙上（這麼做形狀就不會歪掉）。使用 p.63 的其他紙模時，也是相同作法。

6 將 **5** 連同烘焙紙一起移至烤盤上，放進已預熱至 160℃ 的烤箱，烤 15～20 分鐘。

7 重複步驟 **4～6**。剩下的麵團重疊，用擀麵棍再次擀薄、壓出愛心。餅乾烤好後，放到蛋糕冷卻架上，完全放涼再包裝。

麻花辮繩結的包法

成品圖 p.61

1 依個人喜好製作不同口味的餅乾麵團（作法請參閱左頁），再用紙模壓出形狀，進烤箱烤好。

2 把 **1** 與未使用的紙模、食譜一起裝入有底的縱長型紙袋，上方保留⅓以上的空間。

3 將多出的部分用剪刀縱向剪成 3 等分。

4 每一等分再剪成 3 等分（A），編成 3 條麻花辮（B、C、D）。

5 尾端以毛線綁好固定（E）。

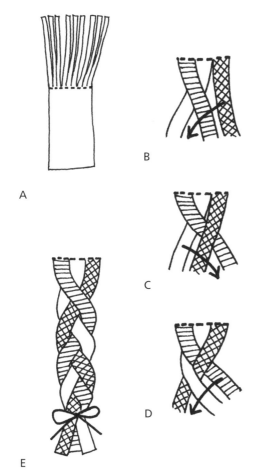

A

B

C

D

E

餅乾紙模的作法

成品圖 p.61

風車

1 厚紙以美工刀裁成 5cm×30cm 的紙條。用尺每 3cm 做一個記號，重複 3 次「谷摺（向內摺）、山摺（向外摺）、山摺」。

2 把 x 和 y 重疊相接，用紙膠帶固定。

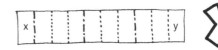

十字

1 厚紙以美工刀裁成 5cm×39cm 的紙條。用尺每 3cm 做一個記號，重複 4 次「谷摺（向內摺）、山摺（向外摺）、山摺」。

2 把 x 和 y 重疊相接，用紙膠帶固定。

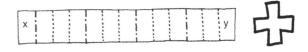

六角星

1 厚紙以美工刀裁成 5cm×39cm 的紙條。用尺每 3cm 做一個記號，以谷摺（向內摺）、山摺（向外摺）交錯的段摺法摺成蛇腹狀。

2 把 x 和 y 重疊相接，用紙膠帶固定。

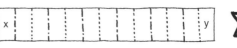

星號

1 厚紙以美工刀裁成 5cm×48cm 的紙條。用尺每 3cm 做一個記號，重複 5 次「谷摺（向內摺）、山摺（向外摺）、山摺」。

2 把 x 和 y 重疊相接，用紙膠帶固定。

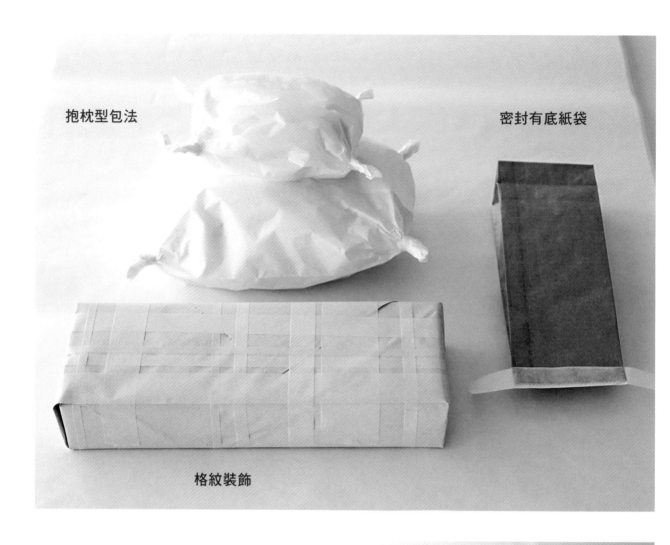

抱枕型包法

密封有底紙袋

格紋裝飾

活用紙膠帶

好貼易撕,用手就能撕斷。

黏性佳卻不沾手,

方便的紙膠帶是包裝時的好幫手。

對我來說,還是傳統的米色紙膠帶最棒。

而且,寬度尺寸的選擇也很豐富。

現在市售的紙膠帶有多種顏色圖案,

請使用喜歡的款式來包裝。

包裝方法 p.66

密封鐵盒

摺紙盒

有蓋子的紙盒，
非常適合拿來裝小點心。
加上用色紙捲成的螺旋紙錐，
立刻變得很前衛。

包裝方法 p.67

螺旋紙錐

活用紙膠帶

成品圖 p.64

抱枕型包法

乾燥香草或茶葉、藥草、棉花糖、義大利麵、乾燥蔬菜等重量輕卻佔空間的食品，很適合這種蓬鬆的包裝。

1 準備一個平口紙袋，裝滿要放的食品。袋口往下捲摺 2～3 次（A）。

2 將袋子的四個角扭轉約 3cm，使袋內充滿空氣變得鼓脹，扭轉處用細版紙膠帶纏繞固定（B）。

密封有底紙袋

為防止受潮，將穀麥、咖啡粉、穀物等裝入防水材質的紙袋密封。

1 使用寬度足夠夾貼袋口前後的寬版紙膠帶，長度超出袋口左右兩側約 2～4cm（A）。

2 如圖所示，將紙膠帶浮貼於單面袋口，在袋口上方約 3mm 處對摺貼合，這樣能密封得更緊（B）。

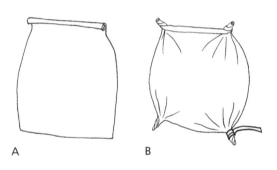

A   B

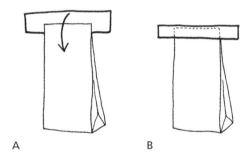

A   B

格紋裝飾

適用於四方形盒包裝。

盒子用紙包好後，以不同寬度的紙膠帶黏貼固定。貼的時候，貼成縱橫交叉的格紋。

密封鐵盒

擔心餅乾或蛋白霜點心、煎餅等受潮變軟的話，裝進鐵盒密封是最棒的方法。

用寬版紙膠帶纏繞盒蓋與盒身的接縫。纏繞完的尾端往內摺約 1cm，貼住黏著面。如此一來，拆膠帶時就會很方便。

摺紙盒

成品圖 p.65

1. 製作盒身：準備一張正方形的紙。沿著對角線對摺，再對摺。壓出摺痕後，把紙攤開（A）。

2. 將四個角朝中心往內摺（B）。

3. 接著把 w-x、y-z 朝中央的摺痕對摺（C）。壓出摺痕後攤開（D）。

4. 再把 w-y、x-z 朝中央的摺痕對摺。壓出摺痕後攤開（E）。

5. 沿著 E 的摺痕，將四個角往內摺朝中心立起（F）。如圖所示，把左右的 v 各自向外拉開，再摺回盒內，壓住 w 和 y、x 和 z 的四個角（G）。

6. 製作盒蓋：準備比盒身大一圈的紙，依照步驟 1～5 的方式摺。

* 紙張對角線長度的 ¼ ＝ 盒子的邊長、⅛ ＝ 盒高。若是對角線 20cm 的紙，摺好的紙盒是邊長 5cm× 高 2.5cm（H）。

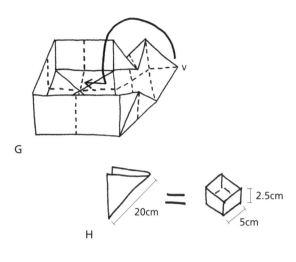

G

H

螺旋紙錐的作法

1. 準備一張厚度與圖畫紙差不多的紙，裁成 A4 紙長邊的長度（29.7cm）、高約 1～3cm 的三角形（A）。

2. 從三角形的短邊朝頂端用力捲緊（B）。尾端以膠水固定。底部塗膠水，黏在盒蓋中央。

* 只要改變高度，就能做出各種形狀的紙錐（C～F）。

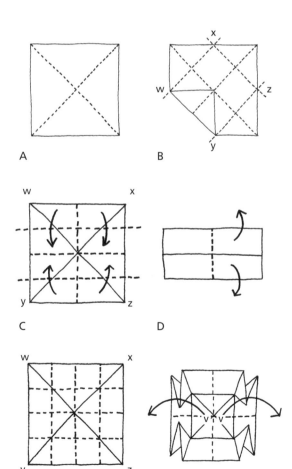

A

B

C

D

E

F

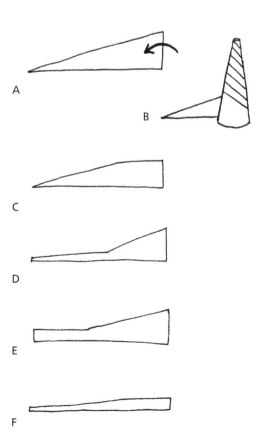

A

B

C

D

E

F

船型盤

多摺一些備用很方便。
使用蠟紙就不會滲油。

創意摺紙　多多活用摺紙，在派對上也能發揮大效用。
除了正方形的紙，長方形或長條狀的紙
也能摺成方便小物。
作法、包裝方法 p.70、p.71

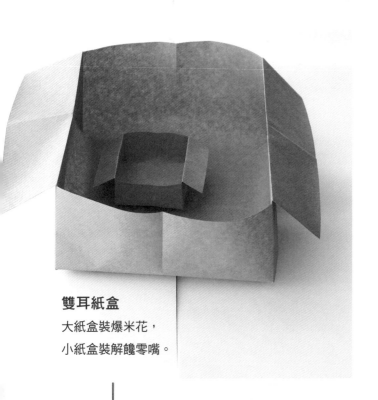

雙耳紙盒

大紙盒裝爆米花，
小紙盒裝解饞零嘴。

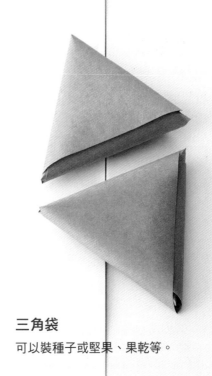

三角袋

可以裝種子或堅果、果乾等。

不需信封的卡片

輕輕鬆鬆一拆即開的摺法，
適合用於簡短的留言。

深底盒

摺大一點可以拿來裝麵包，或用烘焙紙摺成小小的，
當作簡便的蒸糕、瑪芬蛋糕紙模。

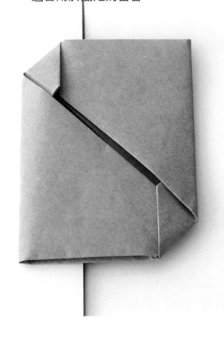

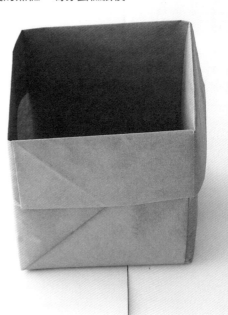

創意摺紙

成品圖 p.68、p.69

船型盤

1 準備一張正方形的紙，對摺、壓出摺痕後攤開，上下兩邊對齊中心線往內摺（A）。

2 四個角對齊中心線，往內摺成三角形（B）。

3 如圖所示，將虛線處的三角形往下摺至中心線（C）。

4 再將上下的三角形（虛線處）往下摺至中心線（D）。

5 用手指拉起中心線向外撐開、翻出內面（E）。

6 內外翻轉後的狀態（F）。翻轉後船的底部會朝上，翻過來便是小船。

* 成品尺寸
紙的邊長＝船的長度、邊長的¼＝船的寬度。若是邊長 20cm 的紙，摺好的船是長 20cm× 寬 5cm。

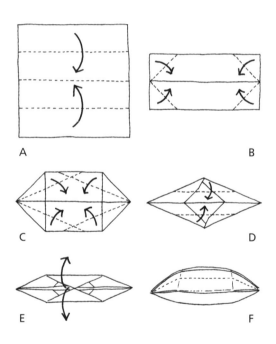

A　　　　　　　　　　B

C　　　　　　　　　　D

E　　　　　　　　　　F

雙耳紙盒

1 準備一張長方形的紙，對摺再對摺（A）。

2 如圖所示（讓中心點 v 在左上角），將右上角往下齊邊斜摺，壓出摺痕後攤開（B）。

3 沿著摺痕撐開，摺成房子（C），另一面也是相同摺法（D）。

4 w 與 x 對摺，另一面也是如此。

5 翻面後的狀態（E）。左右兩邊對齊中心線向內摺。

6 摺好的狀態（F）。另一面也是如此。

7 另一面摺好的狀態（G）。下方往上摺至 y 線，另一面也是如此（H），在 z 線壓出摺痕。

8 尖端處朝下，用手撐開內部即完成（I）。

* 成品尺寸
短邊長度的½＝盒子的邊長、¼＝盒高。若是短邊 20cm 的紙，摺好的盒子是邊長 10cm× 高 5cm。

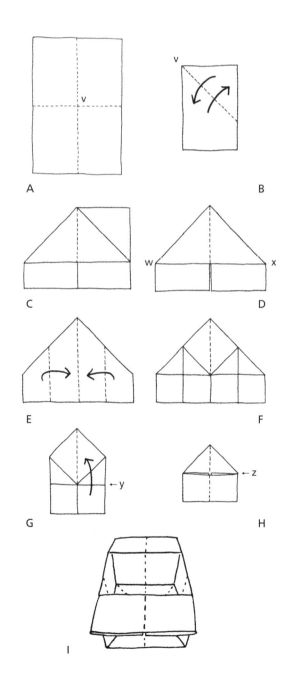

A　　　　　　　　　　B

C　　　　　　　　　　D

E　　　　　　　　　　F

G　　　　　　　　　　H

I

三角袋

1 準備一張長條狀的紙,將紙條從側邊開始摺成正三角形,總共摺 3 次(A)。

2 摺好的狀態(B),將物品放入形成的口袋。

3 再摺兩次(C)。

4 摺好的狀態(D),此時物品已被包覆在內。

5 剩下的紙邊往內摺成三角形(虛線處),塞入縫隙(E)即完成。

＊ 成品尺寸
紙寬＝三角袋的高。若是寬 10cm× 長度可摺 6 ～ 7 次的紙,能夠摺成高 10cm 的三角袋。

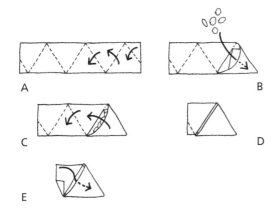

不需信封的卡片

1 在寫好留言的長方形紙上摺出十字摺痕。攤開後將長邊往下對摺,如圖所示,右上角與左下角朝中心線摺成三角形(A)。

2 上下紙邊各自對齊三角形的邊,分別往下、往上摺(B)。

3 左上角與右下角對齊中心線斜摺(C),塞入上下端的縫隙(D)。

＊ 成品尺寸
A4 紙摺出來的卡片大小約是 10.5cm×7.5cm。

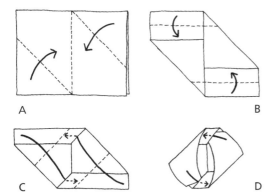

深底盒

1 準備一張長方形的紙,摺出十字摺痕後攤開。長邊往上對摺,右下角對齊中心線摺起(A)。

2 水平翻至背面,同樣摺起右下角。翻回正面,把上方的兩張紙分開,上面那張對齊三角形的邊往下摺(B),再往下摺一折(C)。摺好的狀態(D)。

3 翻至背面,左右對齊中心線往內摺(E)。

4 如圖所示,將左上角與右上角往下摺成三角形,再沿著 x 線往下摺(F)。

5 虛線處的梯形往內塞摺固定(G)。

6 摺好的狀態(H)。在 y 線壓出摺痕,用手撐開內部。

7 開口朝下倒放,將底面立起的三角形往下凹摺、壓平,使紙盒能夠穩固站立(I)。

＊ 成品尺寸
短邊長度的¼＝盒子的邊長＝盒高。若是短邊 20cm 的紙,摺好的盒子是邊長 5cm× 高 5cm。

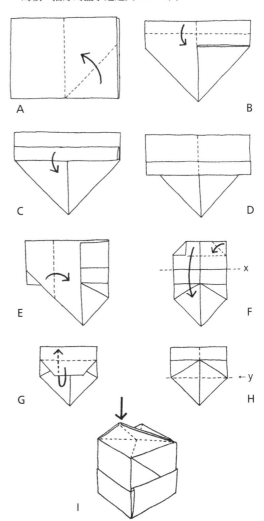

用包袱巾包裝

用「布」包裝是日本流傳已久的方法，簡約俐落又美觀。

在此為各位介紹幾種實用的傳統包法。

順便試試看自己動手改造包袱巾。

我自創了一種稱為「dotting」的作法，

準備兩塊紗布，鬆開四邊的縫線，

交疊後打結即可。完全不必使用縫紉機。

用不同顏色的紗布拼接，雙色組合繽紛美麗。

鬆開其中一邊就變成袋子，

還能裝東西帶著走，更是方便。

包裝方法、作法 p.74、p.75

dotting 紗布包袱巾

單層紗布 × 單層紗布

雙層紗布 × 雙層紗布

手提籃式包法

球體包法

雙邊綁結包法

細長物體的包法

圓筒包式包法

雙瓶包法

用包袱巾包裝

包袱巾的基本包法

成品圖 p.72

1 將包袱巾擺成菱形，物品置於中央，左右兩角交疊，打平結固定（A）。

2 上下兩角交疊，打平結固定（B）。

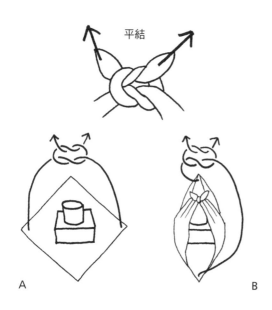

手提籃式包法

成品圖 p.73 左中

1 將包袱巾擺成菱形，物品置於中央，上下兩角各自打結（A）。

2 左右兩角交疊，打平結做出環圈，當成提把（B）。

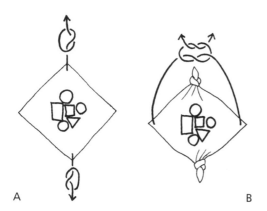

球體包法

成品圖 p.73 中央

1 將包袱巾擺成正方形，物品置於中央，上下兩端的角分別交疊、打平結，做出環圈（A）。

2 如圖所示，把一邊的環圈穿入另一邊的環圈，做成提把（B）。

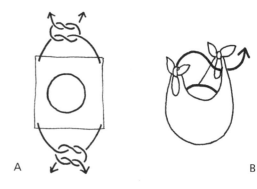

雙邊綁結包法

成品圖 p.73 右中

1 將包袱巾擺成正方形，物品置於中央，左下角與右上角交叉打結（A）。

2 左上角與單結左側的布角交疊、打平結固定。右下角與單結右側的布角交疊、打平結固定（B）。

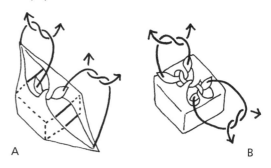

細長物體的包法

成品圖 p.73 左下

1 將包袱巾擺成菱形，物品置於對角線的邊端，向下包捲（A）。

2 兩端的布角交疊，打平結固定（B）。

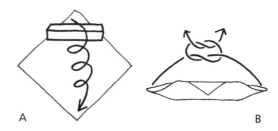

圓筒包式包法

成品圖 p.73 中下

1 將包袱巾擺成菱形，物品置於對角線的邊端，向下包捲（A）。

2 兩端各自打結固定物品（B），再交疊兩端布角，打平結，做成提把（C）。

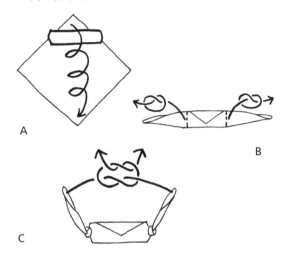

A

B

C

雙瓶包法

成品圖 p.73 右下

1 將包袱巾擺成菱形，瓶底相對，置於對角線的邊端，向下包捲（A）。

2 扶起瓶子立好（B），各自在上方打結，固定瓶身（C）。再交疊兩邊布角，打平結，做成提把（D）。

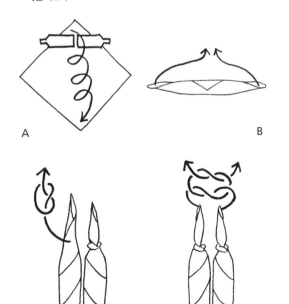

A

B

C

D

dotting 紗布包袱巾的作法

成品圖 p.73 左上

> **材料**（50cm 見方的包袱巾）
> 60cm 見方的紗布　2 塊

1 布耳（布的左右兩側）的線會比較難抽，先剪掉約 1cm。材料中 60cm 見方的紗布（單層紗布 × 單層紗布，或是單層紗布 × 雙層紗布）為剪好後的尺寸。把四邊的線抽掉 5cm（A）。

2 準備一杯水。將 2 塊紗布重疊，取寬 8 ～ 10mm 的線頭，用水沾濕，扭成束狀（B）。

3 在接近根部處打結，用手指把結推至根部，以這樣的方式處理三邊（C）。

4 2 塊紗布皆保留一邊，各自打結，做成袋子（D）。最後把流蘇全部剪短至 1.5cm 即完成（E）。

* 如果要做 30cm 見方的包袱巾，請準備 40cm 見方的紗布。若是 60cm 見方的包袱巾，請準備 70cm 見方的紗布。也就是說，想做多大的包袱巾，就準備大10cm 的正方形紗布。

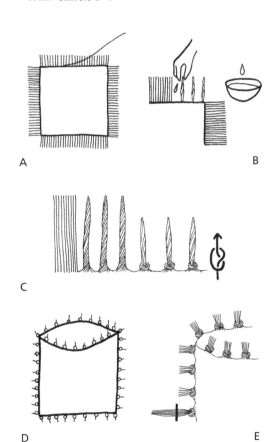

A

B

C

D

E

節日活動的包裝

蕾絲紙婚禮設計 1

婚禮用愛心小袋

只需黏貼就能完成的可愛配件。
因為是紙袋，發給到場的來賓，
還可以直接拿來裝點心。
點心用烘焙紙包好再裝進愛心小袋，
就是很棒的婚禮小物。

包裝方法 p.79

香草巧克力夾心法式棉花糖

食譜 p.78

香草巧克力夾心法式棉花糖

成品圖 p.77

在法式棉花糖（Guimauve）中間夾入薄薄一層巧克力是我獨創的作法。用少量的吉利丁凝固，最後讓表面形成薄薄的糖粉膜，吃起來更是美味。

材料（20cm 的不銹鋼方盤，1 個）
吉利丁片（1 片 1.5g） 15 片
香草莢　3cm
　（或是香草精數滴）
蛋白　3 顆的量
鹽　一小撮
切碎的巧克力磚（Bitter）3 大匙
糖粉　適量

＊a
細砂糖　300g
水飴　30g
水　60ml

1 事前準備：蛋白請使用冰過的雞蛋。吉利丁片用水泡軟後，擠乾水分。準備一杯冷水。不銹鋼方盤內鋪入烘焙紙，用濾茶網篩入糖粉。刮下香草莢的香草籽備用。巧克力用削皮器削薄。

2 在完全乾燥且乾淨的調理盆內倒入蛋白與鹽，用手持式攪拌器打發，打至舀起時可拉出挺立的尖角。

3 ＊a 下鍋，以中小火煮滾。續煮約 2 分鐘，用湯匙舀取少量的糖漿，在事先備好的冷水裡滴 1 滴，若糖漿未散開，在水裡凝固成軟球狀便可關火。

4 再次用手持式攪拌器打發 2，另一手拿起 3 的鍋子，鍋身略為傾斜，讓糖漿呈細細的水柱狀，慢慢加進調理盆裡，持續用手持式攪拌器打發（A）。

＊ 糖漿的溫度很高，請小心別燙傷。還不熟練的人，請勿獨自操作此步驟，讓別人幫忙倒也可。

5 糖漿全部倒完後，分 3 次加入吉利丁片，加的時候仍持續攪打。

6 加入吉利丁片後，再加入香草籽，攪打約 8 分鐘，直到熱氣散去。舀起時若呈現黏稠狀並留下痕跡即完成。

7 將一半的 6 倒入不銹鋼方盤，均勻撒上 1 的巧克力，再倒入剩下的 6（B）。

8 用濾茶網在 7 的表面篩撒大量糖粉，靜置冷卻後，放在乾燥的場所半天，待其凝固。

9 從烘焙紙取下 8、翻面，用濾茶網篩撒糖粉。切成 4cm 的方塊，切面也沾裹糖粉。不時用手翻撥，讓水分蒸發。拿起來會覺得軟綿輕盈，乾燥 3 ～ 4 小時，讓表面形成薄薄一層糖膜。

＊ 建議在濕度低的乾爽晴天時製作。濕度高的話，棉花糖接觸到室內的濕氣，無法完全乾燥。

A

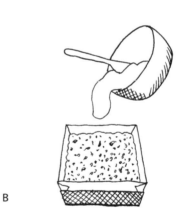

B

婚禮用愛心小袋

成品圖 p.76

1 準備兩張直徑 15 ～ 20cm 的金色或銀色蕾絲紙，往內對摺（A）。

2 重疊成 V 字型（B），重疊處用口紅膠黏貼固定。待膠乾後，用 A4 紙的長邊 × 寬 1cm 的紙條貼在蕾絲紙兩側的縫隙，做成提把（C）。

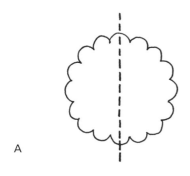

A

B

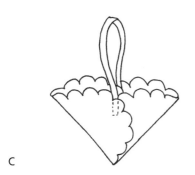

C

維也納果醬夾心餅

成品圖 p.81

烤好後先擱在烤箱裡，利用餘溫充分烤乾是製作時的重點。這麼一來，就算夾了果醬，餅乾吃起來依然香酥化口。

材料（直徑 4cm 的餅乾，共 24 片／ 12 個成品）

低筋麵粉	100g
杏仁粉	100g
無鹽奶油	120g
糖粉	60g
香草莢	3cm
（或是香草精數滴）	
蛋	1 顆
藍莓肉桂果醬（請參閱 p.82）	5 大匙

1 奶油放進調理盆，置於室溫下回軟。加入糖粉，用打蛋器刮拌，直到呈柔滑的乳霜狀。

2 攪拌至奶油開始變白、出現光澤感，將打散的蛋液分 3 次加入，每次加完都要仔細拌勻。再把從香草莢刮下的香草籽加進盆裡混拌。

3 杏仁粉倒進 **2** 裡混拌，篩入低筋麵粉，用橡皮刮刀快速拌一拌。拌太久的話，麵糊會變得黏又硬，拌至殘留些許粉粒的狀態即可（之後擠出麵糊時，自然會呈現均勻融合的狀態）。

4 以橡皮刮刀舀取 **3** 的麵糊，填入裝了直徑 1cm 星型花嘴的擠花袋。用橡皮筋綁好袋口，把麵糊擠在鋪了烘焙紙的烤盤內。將麵糊從中心向外擠成 4cm 的圓形漩渦狀。每個圓保持 1cm 的間距，擠出 24 個圓。

5 放進烤箱，以 170℃烤 15 分鐘。烤好後繼續擱在烤箱內放涼，利用餘溫將餅乾充分烘乾（中途若發現餅乾快烤焦，請盡快取出）。餅乾取出後，放到完全冷卻。

6 餅乾背面塗上薄薄一層果醬，兩片一組、重疊貼合。

* 換成覆盆子香草果醬（請參閱 p.136）也很好吃。

花朵盤與英式傳統維多利亞蛋糕

作法 p.83、食譜 p.82

蕾絲紙婚禮設計 2

若是只邀請自家人參加的簡單婚禮，
請試試這款英式傳統維多利亞蛋糕。
餅乾或果醬用蕾絲紙稍加裝飾，
立刻變得華麗雅緻。
這點子很適合用於婚禮小物的裝飾。

維也納果醬夾心餅　食譜 p.79
蕾絲紙夾層　包裝方法 p.83

藍莓肉桂果醬　食譜 p.82
果醬蓋套　包裝方法　p.82

維多利亞小公主

用四張蕾絲紙，

巧妙呈現 19 世紀的克里諾林裙撐（Crinoline）。

如果底紙比盤子小，

用三、四張交錯疊放，看起來會很可愛。

作法 p.83

藍莓肉桂果醬

成品圖 p.81

富含花青素的藍莓，據說有護眼功效。搭配各種食材都很對味，本書多道點心都有用到這個食材。

材料（約 300ml）

藍莓	300g
檸檬片	2 片
肉桂棒	1 根
細砂糖	150g

1. 先將藍莓受損的部分切除。若是使用冷凍藍莓，不必解凍，直接下鍋。

2. 取一琺瑯鍋，倒入 **1** 和肉桂棒、檸檬片以及細砂糖，不時用木匙輕輕混拌，靜置 30 分鐘，直到水分釋出，鍋內呈現濕潤狀態。

3. 用大火加熱 **2**，煮滾後仔細撈除浮沫。

4. 轉中火，煮至變稠，邊煮邊用木匙輕輕混拌，煮約 20 分鐘。稠度依個人喜好調整。要特別注意的是，果醬冷卻後會變得比加熱時更硬。

5. 關火起鍋，取出檸檬片。趁熱裝入用熱水煮過且充分晾乾的空罐，輕放上蓋子，靜置放涼。待完全冷卻後，蓋緊蓋子，放進冰箱冷藏。建議最好兩週內吃完。

果醬蓋套

成品圖 p.81

1. 用適當大小的蕾絲紙包住蓋子，以橡皮筋固定，調整邊緣的皺褶。

2. 在 **1** 的橡皮筋上綁緞帶（A），抽掉橡皮筋。

* 直接綁緞帶，容易滑掉綁不好。訣竅是先用橡皮筋固定，最後再抽掉。

A

英式傳統維多利亞蛋糕

成品圖 p.80

1861 年出版的英國食譜書《比頓夫人的家務管理（Mrs. Beeton's Book of Household Management）》也曾介紹過這道傳統茶點。雖然只夾了果醬卻相當美味。

材料（直徑 18cm 的圓形烤模，2 個）

無鹽奶油	100g
砂糖	75g
鹽	一小撮
蛋	2 顆
低筋麵粉	100g
泡打粉	1 小匙

－ － －

以上材料準備兩份

藍莓肉桂果醬（請參閱左方）	適量
液態鮮奶油	100ml
糖粉	適量

1. 調理盆中放入置於室溫下回軟的奶油與砂糖、鹽，用打蛋器刮拌均勻。少量地加入打散的蛋液攪拌。

2. 在 **1** 裡篩入混合好的低筋麵粉與泡打粉，以橡皮刮刀快速拌一拌。

3. 把麵糊倒入鋪了烘焙紙的烤模，放進烤箱，用 170℃烤 25 ～ 35 分鐘。烤好後，置於蛋糕冷卻架上，放至完全變冷。

4. 用第二份材料重複一次 **1** ～ **3** 的步驟。

5. 用抹刀在其中一塊蛋糕上均勻塗上藍莓肉桂果醬，再抹上打至八分發的鮮奶油，疊上另一塊蛋糕。

6. 蛋糕表面鋪上蕾絲紙，用濾茶網篩撒糖粉（A）後，輕輕移開蕾絲紙。最後把維多利亞小公主（請參閱右頁）插在蛋糕上裝飾。

* 做出來的分量是 8 ～ 10 人份。如果覺得太多，烤一個也可以。將蛋糕對半橫剖開來，夾入果醬與鮮奶油。

A

花朵盤

成品圖 p.80

將蕾絲紙置於盤上，用濾茶網從上方均勻篩撒可可粉（A），最後輕輕移開蕾絲紙即完成。

A

維多利亞小公主

成品圖 p.81

材料（1個）

直徑約 12cm 的蕾絲紙	1 張
直徑約 11cm 的蕾絲紙	1 張
直徑約 30cm 的蕾絲紙	1、2 張
長竹籤（22～25cm）	1 枝
螺旋捲緞帶	適量
透明接著劑	適量
紙膠帶	適量

1. 製作頭部：首先將直徑 12cm 的蕾絲紙對摺兩次（A）。

2. 將圓周部分往下輕輕摺出 x 的折痕（＝帽子）後攤開。將尖端處（＝下巴）左右 8mm 的 y、z 虛線分別往後摺（＝臉）。調整帽子的形狀（B）。

3. 製作身體：將直徑 11cm 的蕾絲紙對摺，摺的時候稍微錯開，不要完全對齊（C）。沿著虛線向前斜摺，做出圓弧（D），交疊處用接著劑黏合。

4. 製作裙子：將直徑 30cm 的蕾絲紙對摺，邊緣錯開 1cm，不要對齊，營造層次感。中間擺 1 支竹籤，以竹籤和摺線交界處為中心點，將兩端的紙往內交疊，用手調整，做出裙褶（E）。

5. 腰間部分貼上紙膠帶，固定於竹籤上（F）。

6. 把 3 套在 5 的上方（G 中央）遮住腰間，內側用紙膠帶固定於竹籤上。

7. 將螺旋捲緞帶（請參閱 p.39）用接著劑黏在 2 的臉部後方，當成頭髮。把尖端處（＝下巴）的縫隙插入已塗上接著劑的 6 的竹籤上固定（G 上方）。

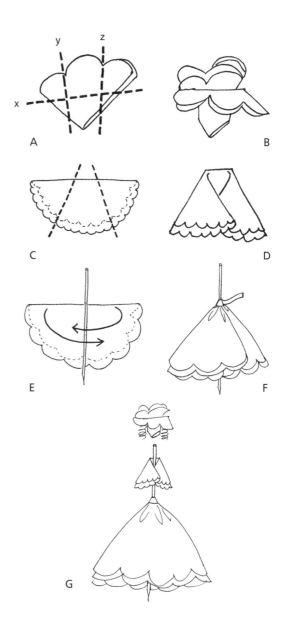

A

B

C

D

E

F

G

蕾絲紙夾層

成品圖 p.81

準備幾張直徑 12～18cm 的蕾絲紙，對摺兩次（A），形成兩個口袋（B）。將餅乾分別放入口袋、裝盒即完成。

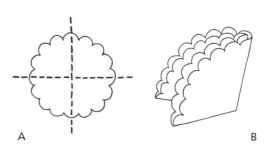

A

B

蕾絲紙婚禮設計 3

試著找找看抽屜裡是否還有沒用完的蕾絲紙？
如果有，發揮巧思好好地活用吧。

蕾絲紙裝飾袖＆紙花戒
作法 p.86

蕾絲紙花束
包裝方法 p.86

女僕圍裙
作法 p.87

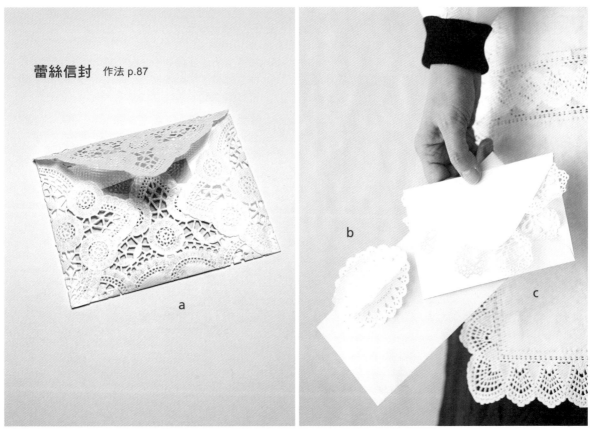

蕾絲信封　作法 p.87

a

b

c

蕾絲紙裝飾袖

成品圖 p.84

1 準備 10 張左右直徑 20 ～ 30cm 的蕾絲紙。用剪刀朝中心剪一刀，拉起剪開處（粗線）往內（虛線）重疊約 5cm，做成矮圓錐形，用膠水黏合（A）。

2 圓錐的錐尖部分用剪刀剪出符合手腕大小的洞。手穿入洞內即完成（B）。

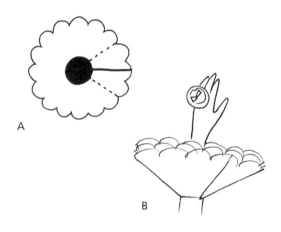

蕾絲紙花束

成品圖 p.84

1 有幾朵花就準備幾張蕾絲紙。用剪刀朝中心剪一刀，拉起剪開處（粗線）往內（虛線）重疊約 3cm，做成圓錐形，用膠水黏合（A）。

2 在圓錐的尖端剪出符合花莖粗細的洞，穿入花莖即完成（B）。

＊ 一般花店會將非洲菊等花卉套上防止花瓣翹翹的塑膠片，但那感覺很廉價，如果是用蕾絲紙做，就算只送一朵，看起來也很有質感。

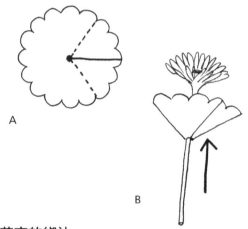

紙花戒

成品圖 p.84

1 將鐵絲束帶扭成環圈，兩端收攏，插入數張花邊紙墊的中心（A）。

2 兩端稍微旋緊後，朝左右打開，固定紙墊。

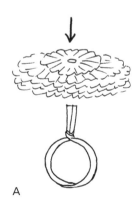

花束的綁法

1 用橡皮筋先套住其中一枝花莖，移到想綁的高度位置後，拉長橡皮筋，網住所有的花莖，纏繞數圈（A）。

2 最後把橡皮筋套入其中一枝花莖，但不是 1 的那一枝（B）。如果套在同一枝花莖，很容易斷裂。

＊ 這是一條橡皮筋就能簡單做出漂亮花束的方法。若是花莖較細的花，最後套住數枝會比較牢固。

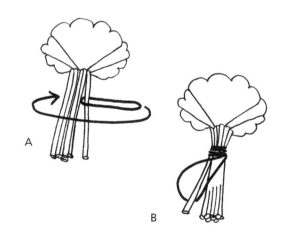

女僕圍裙

成品圖 p.85

1　準備 7 張餐墊大小的長方形蕾絲紙。

2　製作下身部分：將蕾絲紙縱向排列，排成直排 2 張、橫排 3 張的長方形。把 6 張蕾絲紙的花邊分別重疊約 3cm，用口紅膠黏合。

3　製作上身部分：剩下的 1 張蕾絲紙與下身中央的蕾絲紙花邊重疊約 3cm，用口紅膠黏合。

4　準備 4 張寬 2cm、長 50cm 的白色紙條，2 條貼在上身上側，另外 2 條貼在下身左右兩側，當作綁帶（A）。

＊　如果穿整套的黑色衣服，在手腕套入「蕾絲紙裝飾袖」，看起來會更像女僕裝。這件紙圍裙不易破損，穿去參加幾小時的派對也沒問題。

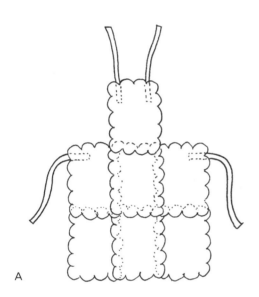

A

蕾絲信封

成品圖 p.85

光是將卡片裝進用蕾絲紙裝飾的信封，感覺就很優雅。若用四方形的蕾絲紙，摺一摺就成了信封。

a：全蕾絲信封

1　準備一張 20cm 的方形蕾絲紙，四個角對齊中心點往內交疊，摺成比明信片的長寬多約 8mm 的長方形（A）。

2　下方與左右的摺疊處用口紅膠黏合，做成袋狀。上方往下摺就成了信封口（B）。

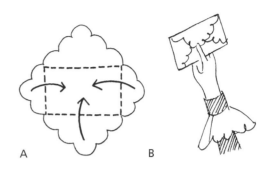

A　　　　　B

b：圓形蕾絲紙裝飾信封

1　準備兩張直徑 8cm 的蕾絲紙。其中一張的中央（斜線處）塗上口紅膠，將兩張蕾絲紙黏合（A）、對摺。

2　在對摺線往下 1cm 處摺出一條平行的摺痕，摺痕背面塗上口紅膠，黏在粗線的部分（B）。

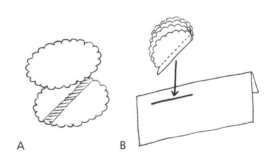

A　　　　　B

c：蕾絲飾邊信封

1　剪下蕾絲紙邊緣的蕾絲部分。

2　把 1 用手做出皺褶，再用口紅膠黏在信封口的背面（A）。

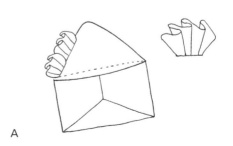

A

蕾絲紙婚禮設計 4

以前打開紙盒，

總會看到邊緣有蕾絲紙裝飾，

因為過去的包裝盒多半是手工製作。

將蕾絲紙剪一剪、摺一摺或重疊，

稍微花點心思，

素淨的白紙盒就會變得很別緻。

藍莓蛋白霜酥餅
食譜 p.90

a

b

蕾絲紙裝飾盒　包裝方法 p.91

蕾絲紙內蓋

c

d

89

藍莓蛋白霜酥餅

成品圖 p.88

雙層的莎布蕾奶油酥餅（sablé）是經典的法式點心作法。上層輕盈、下層香酥，一次享受雙重口感。

材料（20cm 的正方形烤模，1 個）

＊塔皮的麵團

無鹽奶油	80g
糖粉	50g
香草精	數滴
蛋黃	1 顆
杏仁粉	50g
低筋麵粉	120g
泡打粉	¼ 小匙
藍莓肉桂果醬（請參閱 p.82）	100g
蘭姆酒	2 小匙

＊蛋白霜脆餅的麵糊

蛋白	1 顆的量
細砂糖	100g
低筋麵粉	30g

1 事前準備：烤模內鋪入烘焙紙。低筋麵粉與泡打粉混合，過篩備用。

2 製作塔皮：在調理盆內放入置於室溫下回軟的奶油與糖粉、香草精，用橡皮刮刀拌勻，再加入打散的蛋黃液混拌。

3 把杏仁粉與其他粉類加進 2 裡，以橡皮刮刀大略混拌。用手揉成團後，放入烤模用手壓平鋪滿。放進冰箱冷藏 30 分鐘。

4 利用塔皮放進冰箱的時間製作蛋白霜脆餅：取一調理盆，倒入蛋白與細砂糖，用 90℃ 的熱水隔水加熱。以橡皮刮刀仔細攪拌，直到砂糖顆粒變小，融入蛋白。自熱水中取出調理盆，篩入低筋麵粉、拌勻。

5 從冰箱取出 3，用叉子在表面戳洞（防止塔皮在烤的過程中過度膨脹。A）。放進已預熱至 170℃ 的烤箱，烤 20 ～ 25 分鐘。

6 取出烤好的 5，均勻抹上用蘭姆酒稀釋過的果醬（B）。倒入 4 的麵糊，覆蓋整個表面（C）。

7 把 6 放進已預熱至 160℃ 的烤箱，烤 25 ～ 35 分鐘，烤至整體上色。將竹籤插入蛋白霜脆餅的中心，若無沾黏表示已經烤好。連同烤盤一起放在蛋糕冷卻架上放到完全冷卻（剛烤好時很軟，冷卻後會變得脆硬）。切成 4cm 的方塊狀，因為容易受潮，請裝進密封容器保存。

＊ 換成覆盆子香草果醬（請參閱 p.136）也很好吃。

A

B

C

蕾絲紙裝飾盒

成品圖 p.89

材料

20cm 左右的方形盒　1 個
蕾絲紙、緞帶、口紅膠、針錐

盒蓋的作法

a

1　準備一張方形蕾絲紙，縱向對摺後，再摺一折，讓紙比盒子小 2cm 左右（A）。

2　接著橫向對摺，同樣摺兩折，讓紙比盒子小 2cm 左右，形成縱橫皆有皺褶的狀態（B）。

3　用針錐在盒蓋中央與 **2** 的蕾絲紙上戳洞（C）。將蕾絲紙置於盒蓋上，穿入緞帶，在盒蓋背面打平結固定（D）。

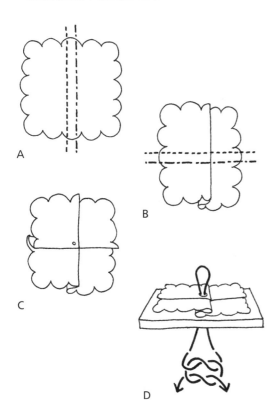

b

盒蓋中央疊放 3 張直徑不同的圓形蕾絲紙，中央用針錐戳洞，穿入緞帶，在盒蓋背面打平結固定。

＊如果蕾絲紙超出盒蓋，與 a 一樣，摺成比盒子小 2cm 左右，做出皺褶後重疊。

內蓋的作法

c

1　準備兩張方形蕾絲紙。若蕾絲紙較大，先摺成比盒子的內緣小一圈，做出皺褶後，再裁成兩半（A）。

2　在蕾絲紙下方約 1cm 處塗上口紅膠。

3　把 **2** 的蕾絲紙貼在盒內四個邊（B）。

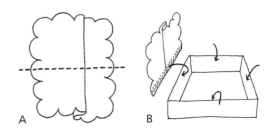

d

準備兩張圓形蕾絲紙，配合盒子的寬度，分別裁成兩半（A），用口紅膠黏在盒內四個邊（B）。

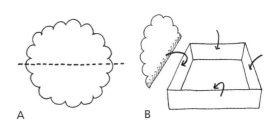

慶生妙點子 1

只要用兩張細長的紙摺成蛇腹狀（段摺法），
就能輕鬆做出增添派對歡樂氣氛的可愛小物。

蛇腹圈 作法 p.94

無奶油胡蘿蔔蛋糕

用大量蔬菜做成
健康美味的生日蛋糕。
把蛋糕做得大一點，
與親朋好友共享，
味道更是一極棒。

把蛇腹圈穿入橄欖枝葉，
插在蛋糕上做裝飾。
想吃哪兒就切哪兒，
取下的小圈可當作戒指，
或套在餐具上作為標記。
食譜 p.94

禮物驚喜盒

繽紛的驚喜巧思，為禮物盒內的小心意大大加分不少。
包裝方法 p.95

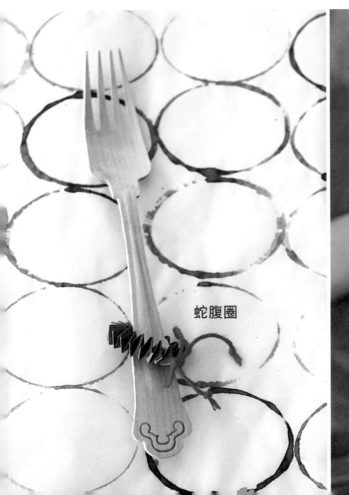

蛇腹圈

蛇腹圈

無奶油胡蘿蔔蛋糕

成品圖 p.92

使用大量的蔬菜、堅果及果乾製作，是一款分量十足，能夠取代正餐的簡單糕點。這道食譜做出來的量可供多人享用。

材料（直徑 23cm 的圓形烤模，2 個）
植物油（菜籽油、葵花油、紅花油等味道清淡的
　油皆可） 180ml
蛋　3 顆

＊a

胡蘿蔔泥	150g
大略切碎的核桃	60g
葡萄乾	30g
椰絲	15g
砂糖	80g
蜂蜜	40g
鹽	一小撮

＊b

低筋麵粉	270g
泡打粉	3 小匙
肉桂粉	1 ½ 小匙
丁香粉	¾ 小匙

－－－
以上材料準備兩份

＊起司奶油霜

奶油起司	300g
糖粉	90g
檸檬汁	2 小匙

＊裝飾

橄欖枝枝葉	依人數準備
蛇腹圈（請參閱右方）	依人數準備

A

1　把蛋打入調理盆內打散，少量地倒入植物油，一邊用打蛋器攪拌至變稠。倒入 ＊a，用打蛋器混拌。

2　混合 ＊b 的材料，篩入 1 裡，以橡皮刮刀粗略混拌。

3　將 2 倒入鋪了烘焙紙的烤模。

4　把 3 放進已預熱至 180℃ 的烤箱，烤 30 ～ 40 分鐘。取出後，放到完全冷卻。

5　用第二份材料重複一次 1 ～ 4 的步驟。

6　製作起司奶油霜：取一調理盆放入奶油起司，置於室溫下回軟。用濾茶網篩入糖粉、加入檸檬汁，用打蛋器充分攪拌成柔滑狀態。

7　取一塊烤好的蛋糕，用抹刀均勻抹上 6 後，疊上另一塊蛋糕（A）。插入橄欖枝枝葉，套入蛇腹圈裝飾。

＊　做出來的分量是 16 ～ 18 人份。如果覺得太多，烤一個也可以。將蛋糕橫剖開來，夾入半量的起司奶油霜。

蛇腹圈

成品圖 p.92、p.93

材料（1 個）

不同顏色的 A4 紙	2 張
10cm 的繩子	2 條

1　將兩張不同顏色的 A4 紙用美工刀裁成長邊（29.7cm）× 寬 8mm 的紙條（A）。

2　將兩張紙條的一端交疊成直角，交錯摺成蛇腹狀（B ～ F）。

3　繩子打結後夾入蛇腹的倒數第二個摺疊處（這樣能卡住繩子不脫落。G）。

4　把蛇腹的尾端塞入縫隙固定（H、I）。拆開另一端的第一個蛇腹摺疊處，夾入另一條繩子，重複相同的步驟（J）。

5　兩條繩子打上蝴蝶結即完成。

A

B

C

D

E

F

G

H

I

J

禮物驚喜盒

成品圖 p.93

材料（1 個）

不同顏色的 A4 紙	數張
6 ～ 10cm 的方盒	1 個
美工刀、口紅膠、緞帶	

1 將數張不同顏色的 A4 紙用美工刀裁成長邊
（29.7cm）× 寬 4.5cm 的紙條 14 張。

2 取兩張紙條，兩端分別往內摺 1cm，交疊成直
角，交錯摺成蛇腹狀。

3 摺好後，再取兩張紙條摺 1cm，夾入摺好的蛇
腹裡接續摺。重複這個步驟，摺完所有的紙條
（A ～ C）。

4 全部摺完後，在蛇腹兩端塗上口紅膠，分別黏
在盒底與盒蓋內側（D）。

5 在盒內縫隙處放入點心或禮物，蓋上盒蓋，綁
上橡皮筋固定。用緞帶打上十字結，再拿掉橡
皮筋即完成。

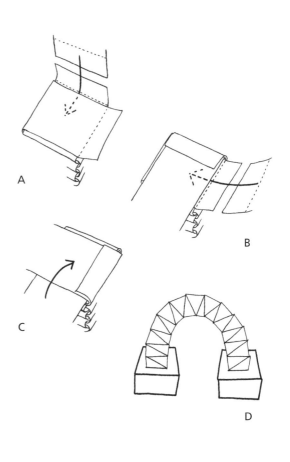

A

B

C

D

慶生妙點子 2

趣味感十足的包裝，
很適合當作生日禮物或回禮。

蛇腹夾層 &
蜜薑棒棒糖

如果生日是在寒冷的季節，用這款棒棒糖給朋友當作慶生的回禮如何呢？
包裝容易沾黏的棒棒糖時，蛇腹的段摺法相當實用。

食譜、包裝方法 p.98

奇幻萬花筒盒

拿在手上，圖案會隨著角度變化，令人驚喜。
適合用於給小朋友的賀禮。

包裝方法 p.99

蜜薑棒棒糖

成品圖 p.96

秋冬是適合做糖果的季節。使用潤喉的食材做成甜蜜小禮物。直接吃已經很好吃，拿來攪拌印度奶茶或咖啡也很對味。

材料（直徑 2cm 的棒棒糖，約 12 根）

木棒	12 根
細砂糖	3 大匙
蜂蜜	½ 小匙
水	2 大匙
薑粉	約 1g

1 在不鏽鋼材質的調理台上鋪放約 30cm 見方的烘焙紙，排列 12 根木棒。

2 取一小鍋，倒入細砂糖與蜂蜜、水，靜置於爐上，以中小火加熱，不必攪拌。煮到呈現黏稠狀，冒出大氣泡，邊緣變成淡淡的金黃色即可關火。

3 傾斜鍋身，讓糖漿集中在一處，靜置約 30 秒，直到停止滾沸。

4 把薑粉加進 3 裡，用湯匙輕輕攪拌（若在滾沸的狀態下加，因為溫度太高，味道與顏色都會變差）。接著倒在 1 的木棒前端，做成直徑 2cm 的圓形（A）。

5 靜置待其完全冷卻。由於容易受潮，為避免沾黏，請夾入蛇腹夾層（請參閱右方），裝進密封容器保存。

＊ 建議在濕度低的乾爽晴天時製作。濕度高的話，棒棒糖接觸到室內的溼氣，無法完全乾燥。

＊ 黏在鍋內的糖，倒入熱水加熱煮融就能輕鬆去除。切記，千萬不要硬刷。鍋子洗乾淨後，再放入下一個材料煮。

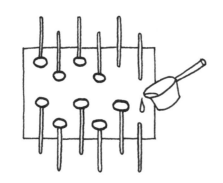

A

蛇腹夾層

成品圖 p.96

材料

烘焙紙	適量

美工刀、繩子

1 將烘焙紙用美工刀裁成寬約 5cm（不會讓棒棒糖外露的尺寸）的細長紙條兩張，參閱 p.95 的作法，摺成蛇腹狀。

2 把做好的棒棒糖各自插入蛇腹的內凹處（A），用繩子束攏木棒。

3 將 2 裝進密封容器或袋子密封。如果有乾燥劑，請一起放入（B）。

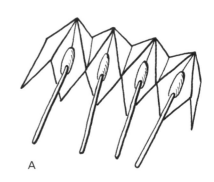

A

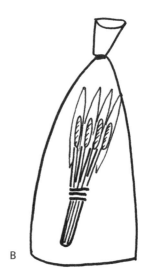

B

奇幻萬花筒盒

成品圖 p.97

丟掉實在覺得可惜的碎紙片，也可活用於包裝。例如，用打洞器打完洞後，目光不禁被取下的小圓紙片吸引，看著看著覺得「真可愛」──各位是否也有過這樣的經驗？本書介紹了多種紙藝的作法，製作過程中會產生不少碎紙。那些碎紙散發著獨特的美感，形狀也很有味道。將碎紙夾在盒蓋與薄紙之間，隨著手的移動就像萬花筒般改變圖案。即使是單調乏味的紙盒，也會變得很可愛。

材料

碎紙	適量
B5 ～ A4 大小的空盒	1 個
烘焙紙	1 張
口紅膠	

1 烘焙紙的大小要能包覆紙盒外側，且有多餘的部分可往內側摺。

2 把碎紙放在烘焙紙上，擺的範圍比盒蓋小一圈（A）。

3 盒蓋倒置於 2 上，將四邊的紙往內摺（B ～ D），四周用少許口紅膠沾黏固定。

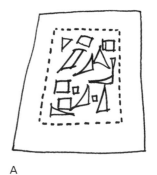

A

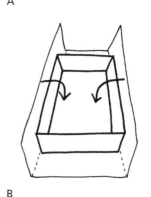

B

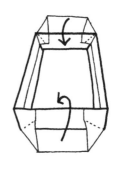

C

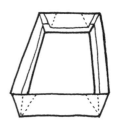

D

慶生妙點子 3

壽星是慶生派對的主角,當然要好好打扮一番,
成為全場注目的焦點。

糖果提袋

這個包裝我已經持續做了好多年。
好吃又可愛的糖果提袋,充滿夢幻氛圍。
若是輕便的物品,也可裝進袋子提著走。

作法 p.102

莓果檸檬風味水

想把風味水帶到派對上與大家分享時，

裝在玻璃罐裡方便攜帶，看起來也時尚。

被莓果天然色素染紅的水感覺喜氣洋洋，

很適合慶祝的場合。

用冷凍莓果製作，染色效果更佳。

食譜 p.102

爆炸捲捲頭假髮

將螺旋捲緞帶綁在髮網上，

超可愛的假髮就完成了。

快讓派對的主角戴上它！

作法 p.103

莓果檸檬風味水

成品圖 p.101

1 罐＝1 人份。用玻璃罐做風味水簡單又省事。做好後直接拿著走，打開蓋子就能飲用。

材料（容量 450ml 的玻璃罐，1 個）

冷凍覆盆子	6 粒
檸檬片	1 片
香草莢	2cm
水	適量
冰塊	適量
橡皮筋、吸管	

1 玻璃罐消毒後，放入所有材料，再倒入水至五分滿，靜置約 30 分鐘。

2 待覆盆子的色素釋出，水被染紅後，倒入冰塊至九分滿，蓋上蓋子。用橡皮筋把吸管綁在罐身。

＊ 使用冷凍過的覆盆子（或草莓）是訣竅。冷凍的染色速度比新鮮的更快。

＊ 冷凍草莓數顆＋新鮮薄荷 1 枝＋檸檬片也可。

＊ 冷凍藍莓＋紅茶茶包＋檸檬片也可。

糖果提袋

成品圖 p.100

用 p.27 的牛奶糖做也很可愛。可以拿來裝手帕或名片等重量輕的物品。

材料（10cm 的方形提袋，1 個）

＊本體

長約 4cm 的糖果	31 個
長約 8cm 的鐵絲束帶	18 條

＊提把

長 35cm 的緞帶	2 條

1 製作本體：如圖所示，作法是將 3 個或 4 個糖果的包裝紙邊（扭結處）用鐵絲束帶綁接固定。

2 留兩個糖果備用，其他排成橫向（白色）4 個＋4 個＋2 個＋4 個＋2 個＋2 個、縱向（斜線）3 個＋5 個＋3 個，綁接固定。

3 把 2 從底部的兩側相接，將圖中標示為 w 的扭結用鐵絲束帶綁接固定，剩下的 x、y、z 也是相同作法，如此一來就會形成袋狀。

4 製作提把：在提袋的邊角綁上緞帶、打平結即完成。

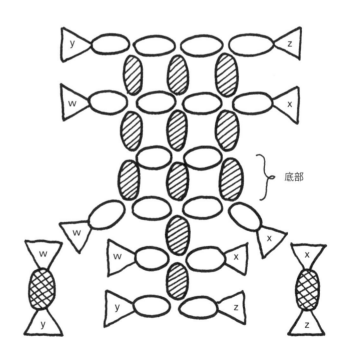

102

爆炸捲捲頭假髮

成品圖 p.101

材料

市售髮網	1 個
螺旋捲緞帶	適量

（或可做出螺旋捲效果的素面緞帶）

剪刀

1 剪好數十條長 1m 的緞帶。

2 把 **1** 的緞帶一條條綁在髮網上，打平結固定。邊綁邊留意整體的平衡感，綁滿整個髮網（A）。

3 參閱 p.39 的作法，以刀背刮過緞帶，做出捲度（B），用手抓蓬。試戴看看，如果有空缺部分，再補綁緞帶。以手撕開緞帶，做成細的螺旋捲（C）。

b：玫瑰花頭飾

成品圖 p.105

1 準備 8 ～ 10 張約 30 ～ 40cm 見方的薄紙，相疊後摺成寬 2cm 的蛇腹狀。中間用橡皮筋固定，穿入一條繩子（A）。

2 將薄紙一張張攤開、調整形狀，做成花型（B）。

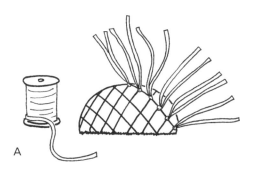

A

A

B

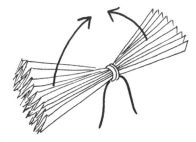

B

C

慶生妙點子 4

紙帽

將用過的包裝紙或是褐色牛皮紙摺成
各式各樣的紙帽。

本書用來製作造型飾品的點心包裝紙，
全部都是我很喜歡的收藏品。
傳統的摺法只要稍微改變形式，就會很有新鮮感。
戴上紙帽，一起來開派對吧！

a
p.107

b
p.103

e
p.148

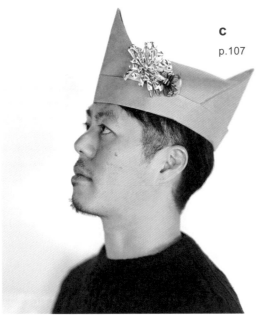

c
p.107

f
p.106

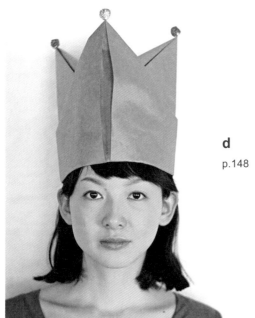

d
p.148

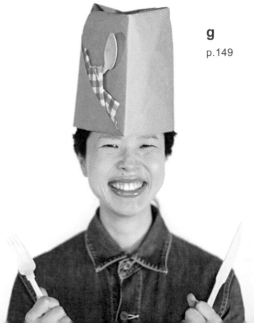

g
p.149

紙帽

用長方形的紙摺帽子，短邊的長度決定帽子的尺寸。短邊與長邊的比例差不多即可。如果是類似報紙或影印紙的比例，做出來的成品會很好看。

f：瘋狂帽客的三角帽（尖頂帽）

成品圖 p.105

1. 在長方形的紙上摺出十字摺痕後攤開（A）。

2. 長邊往下對摺，兩角對齊中心線摺成三角形（B）。

3. 把下方長方形部分的兩張紙分開，上面那張往上摺½（C）。

4. 沿著三角形的底邊再往上摺一折（D），背面也是相同摺法。

5. 摺好的狀態（E）。撐開三角形，兩端的內側對齊、壓平（F）。

6. 壓平的狀態（G）。將下方的三角形（虛線處）往上摺，背面也是如此。

7. 再次撐開三角形，兩端的內側對齊、壓平（H）。

8. 壓平的狀態（I）。將下方的梯形（虛線處）往上摺，背面也是如此。

9. 左右內側的三角往外拉出（J）。

10. 在帽緣穿入繩子，看不到摺痕的那一面當作正面。把喜歡的零食包裝紙拼貼於內側（K）。

* 成品尺寸
  紙的短邊長度－ 10 ～ 15cm ＝帽寬（本書是用短邊60cm的紙做成寬45cm的帽子）。兒童用：短邊40 ～ 50cm的長方形紙。大人用：短邊50 ～ 60cm的長方形紙。

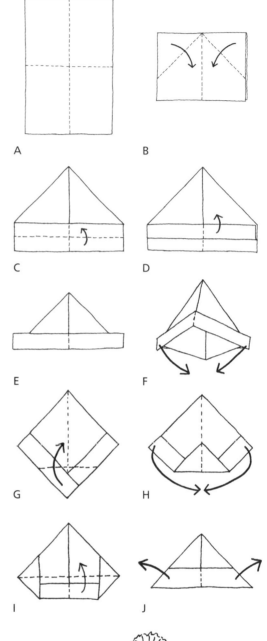

A B

C D

E F

G H

I J

K

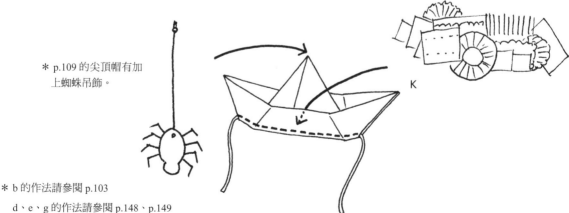

* p.109 的尖頂帽有加
  上蜘蛛吊飾。

* b 的作法請參閱 p.103
  d、e、g 的作法請參閱 p.148、p.149

a：花飾荷蘭帽

成品圖 p.104

1 準備一張長方形的紙，先照著左頁「瘋狂帽客的三角帽」步驟 1～4 摺出底座。將圖中箭頭所指的頂點往內塞（A、B），使帽頂呈現水平狀態。看不到摺痕的那一面當作正面。

2 接著參閱 p.103 的「玫瑰花頭飾」摺法，用零食的包裝紙摺成玫瑰花。在綁花的橡皮筋中穿入繩子，調整花的形狀。再把繩子穿入帽緣（C），繩端接上紙流蘇。

* 成品尺寸
紙的短邊長度＝帽寬（本書是用短邊 50cm 的紙做成寬 50cm 的帽子）。兒童用：短邊 30～40cm 的長方形紙。大人用：短邊 40～50cm 的長方形紙。

紙流蘇

1 將糖果的包裝紙對摺，摺痕處用剪刀剪出 3～5mm 等間距的切口（D）。

2 在切口的另一側塗上口紅膠，繞貼於繩子前端（E）。

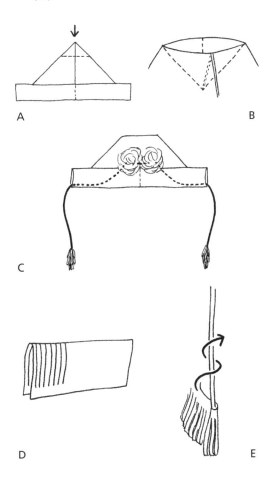

c：船形帽

成品圖 p.105

1 準備一張長方形的紙，先照著左頁「瘋狂帽客的三角帽」步驟 1～4 摺出底座，但在步驟 4 的部分，只需摺起一邊（A）。

2 翻至背面，左右兩邊往中心線摺，上方的三角形（虛線處）沿著摺痕往下摺（B）。

3 將下方的兩角摺成三角形，再往上摺至虛線處（C）。

4 往上摺的部分再往虛線處摺（D），塞入內側（E）。

5 用手撐開內部，使帽子變立體。帽緣插入蒲公英紙花做裝飾（F）。

* 成品尺寸
紙的短邊長度的 ½＝帽寬（本書是用短邊 60cm 的紙做成寬 30cm 的帽子）。兒童用：短邊 40～50cm 的長方形紙。大人用：短邊 50～60cm 的長方形紙。

蒲公英紙花

1 將糖果的包裝紙對摺，摺痕處用剪刀剪出 3～5mm 等間距的切口。

2 在切口的另一側塗上口紅膠，繞貼於竹籤上。乾燥後，用手抓出花的形狀（G）。

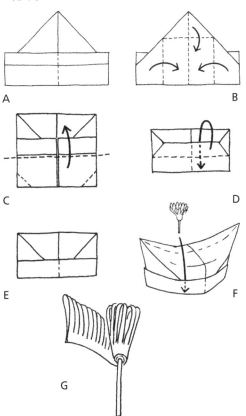

搞怪萬聖節

10 月 31 日的萬聖節
是美國的傳統節日。
當天小朋友們都會變裝，
挨家挨戶地喊著
「trick or treat ！」
──不給糖就搗蛋！
訣竅是利用代表性的圖案，
以黑色及橘色營造一致感。

幽靈

南瓜大王

黑貓

萬聖節零食袋
用這個裝零食，更能炒熱氣氛。
包裝方法 p.110

蜘蛛

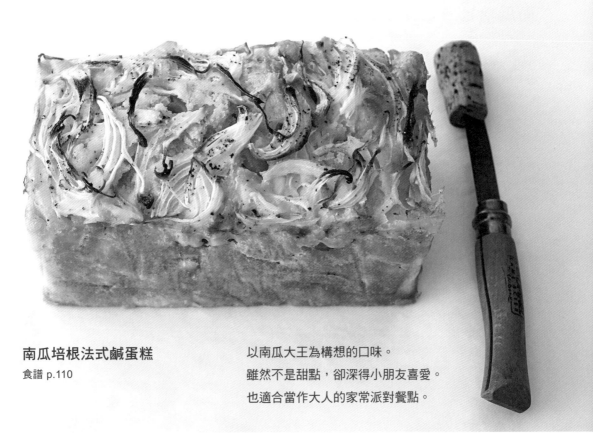

南瓜培根法式鹹蛋糕
食譜 p.110

以南瓜大王為構想的口味。
雖然不是甜點，卻深得小朋友喜愛。
也適合當作大人的家常派對餐點。

尖頂帽與蝙蝠面具的
魔法師 作法 p.110

南瓜培根法式鹹蛋糕

成品圖 p.109

不甜的鹹蛋糕（Cake Salé）是法國的家常味。只要把材料拌一拌即可，簡單方便。

材料（8cm×18cm、高 8cm 的方形烤模，1 個）
蛋　　3 顆
白葡萄酒（或牛奶）　　100ml
植物油（菜籽油、葵花油、紅花油等味道清淡的
　　油皆可）　　70ml
格呂耶爾（Gruyère）起司或
　　埃文達（Emmental）起司　　80g
低筋麵粉　　200g
泡打粉　　2 小匙
肉荳蔻粉　　¼ 小匙

＊配料
2cm 寬的培根片　　80g
2cm 塊狀的南瓜（已煮過）　250g（淨重）
洋蔥薄片　　½ 個的量
黑胡椒　　適量

1　事前準備：起司用削皮器削成薄片。烤模內鋪入烘焙紙。

2　把蛋打入調理盆攪散，加入白葡萄酒與植物油混拌。

3　另取一調理盆，篩入低筋麵粉與泡打粉、肉荳蔻粉，在中央挖出小洞。少量地倒入 **2** 的蛋液，用打蛋器攪拌至沒有粉粒殘留的狀態。

4　將培根與南瓜加進 **3** 裡攪拌，倒入烤模。接著擺上洋蔥片，撒些黑胡椒。

5　放進烤箱，以 180℃ 烤 35 ～ 45 分鐘。烤好後取出，置於蛋糕冷卻架上，放到完全冷卻。切成厚 1cm 的片狀並包裝（包法請參閱 p.13）。

＊　也可用香腸取代培根。起司的種類不拘，只要加熱後會融化，可依個人喜好挑選。

＊　如果想隨身攜帶切蛋糕的刀，可將刀鋒插入葡萄酒的軟木塞（A）。

A

萬聖節零食袋

成品圖 p.108

材料
平口紙袋、彩色圖畫紙、繩子、市售圓形貼紙、
造型紙卡的紙型（p.150）
　　幽靈、南瓜大王、黑貓、蜘蛛

1　製作造型紙卡：影印 p.150 的紙型圖案，用剪刀剪下。

2　圖畫紙對摺（黑貓要用摺 8 次的蛇腹紙條），紙型圖案的直線對齊摺線，用鉛筆描畫輪廓。

3　沿著鉛筆的輪廓線剪下圖案，接著裁切眼、鼻、口等細部。

4　從小洞穿入繩子並打結。

5　零食裝入平口紙袋，用 **4** 的繩子綁好。繩子尾端容易綻線，因此將未綁結的一端用兩張圓形貼紙夾貼固定（A）。

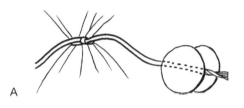

A

蝙蝠面具

成品圖 p.109

1　影印 p.150 的紙型，依照上方的步驟 **1** ～ **3** 裁切蝙蝠面具。

2　把面具放到臉上，確認耳朵的位置。在面具兩側打洞，穿入橡皮筋綁好。將橡皮筋套上耳朵，戴上面具。

尖頂帽

成品圖 p.109

1　若是製作兒童用的尖頂帽，請準備一張短邊 50 ～ 60cm 的黑色模造紙，參閱 p.106「f：瘋狂帽客的三角帽」的摺法。

2　在帽子頂端打一個洞、穿繩，穿入帽內的繩子以膠帶固定。露在外面的繩子前端綁上蜘蛛造型紙卡（作法同上方的萬聖節零食袋）。

木柴蛋糕

成品圖 p.112

不同於外觀的感覺，加了蛋白的蛋糕體鬆軟濕潤。
口感絕佳，入口即化，散發濃郁的巧克力風味。

材料（30cm 的正方形烤盤，1 個）

烘焙用巧克力（選用可可成分較多的商品。	
或使用巧克力磚）	120g
蛋黃	4 顆
砂糖	3 大匙＋3 大匙
杏仁粉	10g
蛋白	4 顆的量
液態鮮奶油	200ml
糖粉	適量

1　事前準備：烤盤內鋪入烘焙紙。烤箱預熱至
　160℃。

2　巧克力大略切碎，倒入碗內，隔水加熱。用湯
　匙攪拌至滑順液狀。

3　在調理盆內倒入蛋黃與 3 大匙砂糖，用手持式
　攪拌器攪打至變白的黏稠狀。

4　另取一調理盆倒入蛋白，用洗乾淨的手持式攪
　拌器略為打發，過程中分 3 次加入 3 大匙砂
　糖，邊加邊攪打，打至舀起時可拉出挺立的尖
　角。

5　把 **2** 和杏仁粉加進 **3** 裡，用橡皮刮刀快速混
　拌。接著倒入⅓的 **4**，充分拌勻。再倒入剩下的
　4，以切拌的方式盡快攪拌，以免消泡。

6　將 **5** 倒入烤盤，用橡皮刮刀抹平表面。放進烤
　箱烤 20～30 分鐘。烤好後連同烤盤一起放涼。

7　蛋糕完全冷卻後就可以開始做蛋糕捲：首先在
　調理盆內倒入液態鮮奶油，底部隔冰水，用手
　持式攪拌器打至八分發。

8　把 **6** 從烤盤中移出，輕輕倒扣在鋪了烘焙紙的
　調理台上，撕下上面的烘焙紙（**A**）。用抹刀
　塗上 **7** 的打發鮮奶油（**B**）。邊拉烘焙紙，邊
　捲起蛋糕，像在做壽司卷一樣（**C**）。最後用
　濾茶網篩撒上糖粉。

A

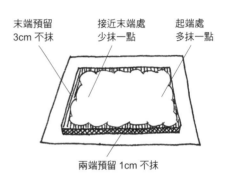

末端預留　　　接近末端處　　　起端處
3cm 不抹　　　少抹一點　　　多抹一點

兩端預留 1cm 不抹

B　＊蛋糕捲起後會擠壓到鮮奶油，請參考上
　　圖，調整塗抹的量。

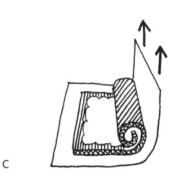

C

聖誕節創意

12 月 25 日是聖誕節。

每到這個季節，與親朋好友的聚會也會增加。

在此介紹幾種參加派對時，適合的伴手禮與包裝。

北歐風天使裝飾與木柴蛋糕

蛋糕捲是人人都愛的甜點。

將經典口味的巧克力蛋糕烤得薄一點，

抹上滿滿的鮮奶油捲起來。

表面適度的裂痕，讓蛋糕看起來就像一根大木柴。

以素雅的剪紙天使取代蛋糕上的裝飾，

方便包裝又好攜帶。

食譜 p.111、作法 p.114

蛋糕捲的
大糖果包法

把可愛的剪紙天使收在
兩側的小袋裡。
蛋糕切片後，
用烘焙紙包住切面，
就可以直接拿在手上吃。

包裝方法 p.115

白色村民裝飾

作法 p.114

北歐風天使裝飾

成品圖 p.112

1. 影印下圖 A，用剪刀剪下來當作紙型使用。

2. 用 A4 紙裁出兩張長邊（29.7cm）× 寬約 8cm 的長方形。配合天使的寬度摺成蛇腹狀，用紙型描繪輪廓。

3. 沿著鉛筆的輪廓線剪。剪的時候，紙不要攤開。

4. 攤開剪好的紙，用圖釘戳出代表眼睛的兩個小洞。另一張紙也是相同作法。

* 剪下來的頭部外圍，攤開後也是很特別的形狀，不要丟掉，拿來當作包裝的裝飾也很好（B。請參閱 p.113）。

白色村民裝飾

成品圖 p.113

1. 影印下圖 A，用剪刀剪下來當作紙型使用。將 A4 紙裁成長邊（29.7cm）× 寬約 3cm 的紙條。配合村民的寬度摺成蛇腹狀。

2. 用紙型在一折兩面的正面交互描繪出男孩與女孩的輪廓（B）。

3. 沿著鉛筆的輪廓線裁切。每一折都連同反面的空白面，兩面一起裁切。裁切好後，男孩與女孩會呈現手牽手的狀態（p.113 的成品圖是 4 個連續的女孩＋ 3 個連續的男孩）。

4. 用口紅膠把最後一個村民的手與第一個村民的手黏合，圍成一圈。

A

A

B

B

蛋糕捲的大糖果包法

成品圖 p.113

材料（長 30cm 的蛋糕捲，1 條）
約 40cm 見方的烘焙紙　　1 張
40cm×70cm 的包裝紙（本書是用白紙）　1 張
繩子　　　　　　　　適量
天使裝飾（請參閱左頁）　2 組

1 蛋糕捲用烘焙紙包好後，捲上包裝紙（A、
B）。兩端收攏，用繩子綁好，打平結固定。

2 兩端的縫隙處分別放入 1 組剪紙天使（C），再
將尾端收攏，用繩子綁好，打平結固定。

3 如圖所示，如果沒有剪斷繩子，可以接成提
把。或是在繩端綁上天使頭部外圍剪下來的紙
片也很可愛（D）。

切片蛋糕的包法

成品圖 p.113

1 想先將蛋糕切片再帶出門時，以烘焙紙包住
就不必擔心移動過程中蛋糕的切面碰撞變形
（A、B）。

2 烘焙紙裁大張一點，貼合蛋糕切面，紙邊摺成
三角形固定（C）。這樣的包裝可以直接拿著
吃，放進盒子或取出時也很方便（D）。

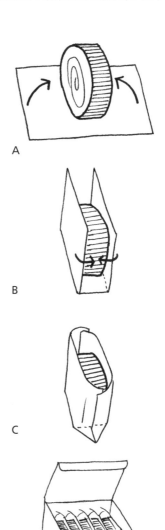

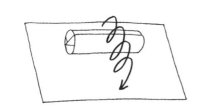

A

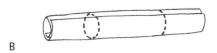

B

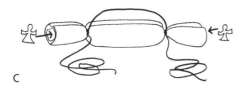

C

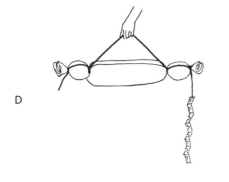

D

和風包裝創意

日本各季都有代表性的節日活動，新年[1]、節分[2]、女兒節[3]、賞櫻、端午節[4]。到了 6 月 16 日，這天是除厄祈福的「嘉祥之日」，人們有吃和菓子的習俗。接著是七夕、夏季祭典、彼岸[5]、賞月、賞楓、冬至。只要選對顏色與材料，就能以簡單的方法展現日式風情。

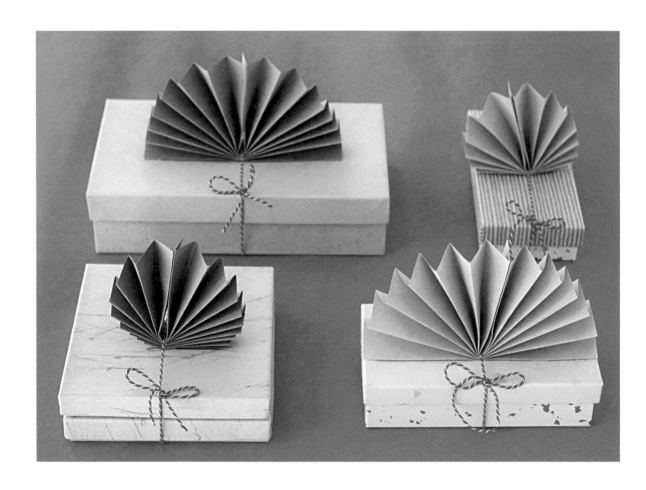

裝飾扇

利用和菓子的空盒，貼在蓋子上即可。

逐漸展開的扇形，對日本人來說是吉祥的形狀，
因此十分常見。

包裝方法 p.119

＊譯註 1：新年（正月）。同西曆新年。／2：節分。立春的前一天。／3：女兒節（雛祭り）。3 月
3 日。／4：端午節。5 月 5 日，也是日本的兒童節。／5：彼岸。類似台灣的清明節，秋分前後為
期一週的時期。

富貴福臨

這道點心「FUKURE」，
是鹿兒島的傳統蒸糕。
「富貴福臨」則是我另外取的名稱，
希望收到的人喜事連連。

撒果乾時，想像自己在作畫。
隨心所欲，不必撒得太平均，
這樣反而更好看。

食譜 p.118

和紙包裝紙　　和紙被水沾濕就能輕鬆撕開。
解開包裝後，還能拿來墊點心。
自然樸素的感覺，好似用蓮葉或竹葉、朴葉、竹皮包著一樣。
包裝方法 p.119

接近秋天尾聲的 11 月，
到山裡或野地散步賞楓
是日本傳統的娛樂活動。
漫步林中，
欣賞一大片染紅的楓葉美景，
無論是誰，都能體會那樣的美。
想必全世上的人
都會一眼愛上美麗的楓紅。

賞楓之樂不僅如此，
不論是樹上豔紅的楓葉，
或是從樹上枯落、褪色，
伴隨風吹雨淋，飄零滾動、
落在樹根或水窪上的落葉，
我們將那些偶然瞧見的景色
同樣視為美景。
這正是日本人獨特的美感。
撒放各種食材的料理手法，
就是呼應那種散落的景致，
並且命名為「吹寄（Fukiyose）」，
可見日本人對其鍾情的程度。

白色麵糊隨意撒上
樹果或果乾，
做成晚秋的什錦蒸糕。

A

富貴福臨

成品圖 p.117

用米粉與豆漿做成滋味溫順的蒸糕。

材料（15cm 的正方形烤模，1 個）

蛋	2 顆
豆漿	120ml
黍砂糖 *	70g
植物油（菜籽油、葵花油、紅花油等味道清淡的油皆可）	2 大匙
鹽	一小撮
米粉	200g
泡打粉	2 小匙

＊譯註：黍砂糖（きび砂糖）。類似台灣的二砂。

＊配料

葡萄乾	30 粒左右
切片的椰棗乾	2 粒的量
切碎的無花果乾	2 粒的量
白芝麻	½ 小匙
罌粟籽	½ 小匙

1 事前準備：鍋中倒入八分滿的水，擺上蒸籠，開中火加熱。烤模內鋪入烘焙紙。

2 把蛋打入調理盆內攪散，接著加入豆漿、黍砂糖、植物油、鹽，用打蛋器充分攪勻。

3 米粉與泡打粉混合後篩入 2 裡，用打蛋器粗略混拌。別攪拌太久，以免影響膨脹程度。拌至略有粉粒殘留的狀態即可。

4 把 3 倒入烤模，像作畫似的撒上配料。

5 將 4 移入已充分冒出水蒸氣的蒸籠（A），炊蒸 30 ～ 40 分鐘。前 20 分鐘不要打開蓋子（否則會讓蒸糕無法膨發）。用竹籤插入蒸糕，若無任何沾黏，表示已經蒸透。

＊ 本書使用的是製作羊羹的不鏽鋼模型（流し缶）。為避免影響膨脹程度，請使用導熱性佳的金屬模。配料可依個人喜好更換，或使用手邊現有的食材，如杏桃乾或橙皮、枸杞、松子、核桃等。成品圖中的蒸糕放了黑、綠、紅、黃葡萄乾。

富貴福臨的包裝

成品圖 p.117

1 在包裝紙上疊放一張烘焙紙（防止濕氣），參閱 p.8 的步驟 **1** ～ **5** 進行包裝。

2 做完步驟 **5** 後，三角形的摺邊不要摺向底部，而是往上拉、塞入摺縫處（A、B）。

3 將和紙包裝紙（請見下方）放在 **2** 的上方，繩子穿入紙上的洞，綁成十字（C），打平結固定。

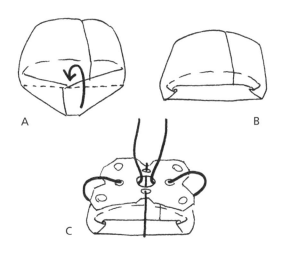

A

B

C

和紙包裝紙

成品圖 p.117

1 準備一杯水在旁備用。將和紙對摺兩次，再沿著對角線對摺（A）。

2 手指沾水，塗抹在想撕開的部分。塗濕的部分用手就能輕鬆撕開。重複這樣的步驟，撕出喜歡的圖案（B）。

3 攤開和紙，晾乾即完成。

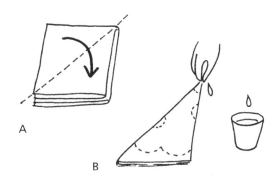

A

B

裝飾扇

成品圖 p.116

1 準備一張 A4 紙（本書是用彩色圖畫紙）。以盒型決定扇子的寬度，把紙裁成相同的寬度。

* 把紙裁成長方形，摺成蛇腹狀，對摺打開就是漂亮的半圓形扇（成品圖的左後方與右前方）。

* 把紙裁成梯形，摺成蛇腹狀，對摺打開就是圓圓的橢圓形扇（成品圖的左前方與右後方）。

2 將紙摺成寬 1.5 ～ 2cm 的蛇腹狀（A）。接著對摺（B），用口紅膠黏合成扇形（C）。若用梯形的紙（D）則要從長邊對摺、黏合（E）。

* 膠水尚未乾燥前最好先用夾子固定。

3 把 **2** 用口紅膠黏在盒蓋上。繩子穿過扇子黏合處下方的縫隙，繞過盒底，在盒蓋側邊打一個蝴蝶結即完成。

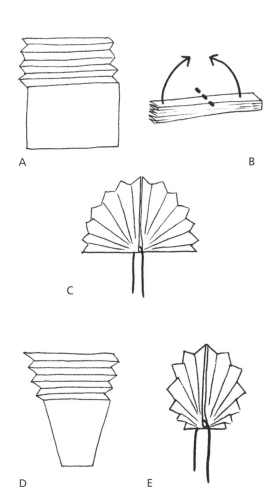

A

B

C

D

E

甜心情人節

2 月 14 日是西洋情人節，
愛心是世界共通表達心意的圖案。
在此為大家介紹適用於各種場合的
人氣愛心包裝。

愛心小提袋 2 款＋愛心小包

全都是用一張 A4 紙就能做成的愛心。

用彩色圖畫紙做，色彩繽紛；用質感好的信紙做，感覺優雅。

編織的寬度可依個人喜好調整。　包裝方法 p.123

杏仁糖巧克力

食譜 p.122

白襯衫小袋

袋口摺起來，穿入緞帶即完成。

很適合用來包裝白色情人節的回禮。

包裝方法 p.122

杏仁糖巧克力

成品圖 p.45、p.121

大家都愛的基本款口味，應該沒有人會討厭收到上等的杏仁巧克力。配酒吃也很對味。

材料（3～4cm，無固定形狀，約20個）

葡萄乾	30g
蘭姆酒	2大匙

＊杏仁糖

杏仁片	20g
細砂糖	2大匙
水	2大匙

烘焙用巧克力（可可成分較多） 200g
巧克力用溫度計

1 事前準備：葡萄乾注入熱水，立刻倒掉熱水，擦乾水分，用蘭姆酒浸泡。調理台鋪上烘焙紙。

2 製作杏仁糖：平底鍋內倒入細砂糖與水，以中火加熱，煮至冒泡後，加入杏仁片，邊加熱邊持續用木匙攪拌。起初砂糖會變白，煮一段時間後就會呈現褐色焦糖狀。

3 將 2 煮成焦糖後，關火起鍋，倒在 1 的烘焙紙上，用木匙抹平，靜置凝固。完全冷卻後，用菜刀粗略切碎。

4 把 1 的葡萄乾從蘭姆酒裡撈出，仔細擦乾。

5 巧克力調溫：首先準備兩個調理盆，分別倒入60℃的熱水與冷水。

6 巧克力放在乾燥的調理台上切碎，倒進第三個調理盆裡。邊用 5 的熱水盆隔水加熱，邊測量溫度，讓溫度保持在 50～55℃。融化的巧克力以橡皮刮刀畫圈攪拌約 1 分鐘。

7 將 6 移至 5 的冷水盆裡，將盆底浸泡其中，持續攪拌，使溫度降至28℃。

8 再把 7 移回熱水盆裡，邊攪拌邊讓溫度上升至30℃。加進 3 的杏仁糖與 4 的葡萄乾混拌。

9 用湯匙舀取 8，放在鋪了烘焙紙的托盤內，做成 3～4cm 的塊狀，置於涼爽的場所凝固。

＊ 巧克力調溫時，絕對不能碰到水。巧克力遇水會變白變硬，為避免水滴落入，盆底的水一定要擦乾再進行下一個步驟。

＊ 如果覺得太費事，可省略調溫的步驟，將市售的巧克力磚（200g）用50℃的熱水隔水加熱融化即可。

白襯衫小袋

成品圖 p.121

材料（1包）

白色平口紙袋	1個
緞帶	約50cm

1 物品裝袋後，袋口放上緞帶，往下摺 3cm，再往下摺 3cm。這兒就是襯衫的領子（A）。

2 兩側的邊角往後斜摺，讓兩角位置對稱（B），袋子翻面，用打領帶的方式綁緞帶（C～E）。

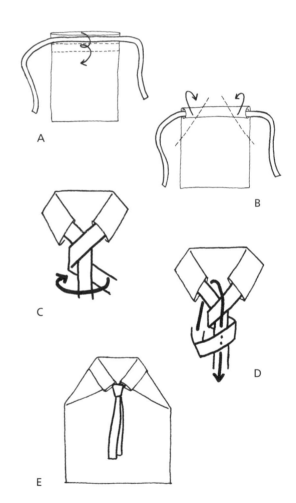

愛心小提袋 2 款＋愛心小包

成品圖 p.120、p.121

材料（高 15cm 的愛心小提袋，2 個）
不同顏色的 A4 圖畫紙　2 張
長 50cm 的繩子　　　2 條
尺、美工刀、圓規、口紅膠

1 製作愛心：首先用美工刀將兩張紙的短邊裁成
　18cm，再從中間裁成兩半（A）。

2 接著對摺，用圓規（若手邊沒有，可用直徑
　9cm 的罐子或杯子代替）在紙上畫出半圓，以
　剪刀剪下（B 上方）。將剪下的邊緣部分剪成
　細長的三角形備用。

3 摺線處用美工刀等距劃出長 9cm 的切口，分成
　3 等分（B 下方）。

4 兩個都做好後組合起來。依照插圖的順序交叉
　編織，編成袋狀（C、D）。另一組也是相同作
　法。這樣就會做出兩組愛心。

5 加上提把。將繩子穿入兩面的織眼縫隙（E），
　繩端與愛心袋保持些許距離，打結成圈狀。

6 將兩條繩子收攏，用 3 的三角形紙片纏繞（請
　參閱 p.67）。尾端以口紅膠黏合固定（F、
　G）。

＊ 點心先用烘焙紙包好再裝袋。

＊ 割痕的寬度不同，形成的格紋也會改變。p.121 右
　上的成品圖是以寬 1cm、2cm 的切口交叉編織而成
　（H）。

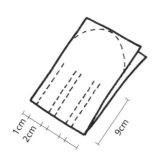

H

＊ 愛心小包的作法：依照上文的步驟 1 ～ 4 編成愛心
　袋（p.121 是用 A4 大小的信紙）。放入用烘焙紙包
　好的點心，再依步驟 5 的作法穿入毛線，在愛心的
　內凹處打上蝴蝶結固定。

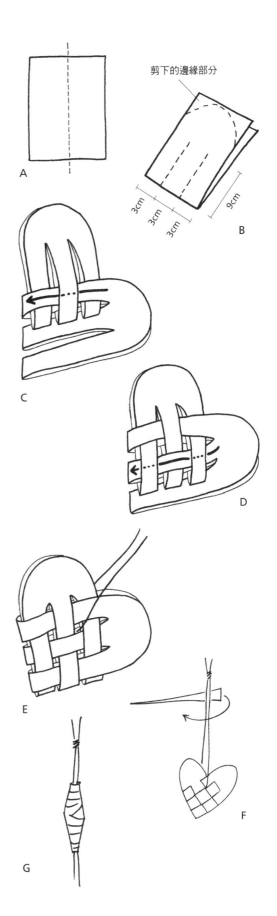

A

剪下的邊緣部分

B

C

D

E

F

G

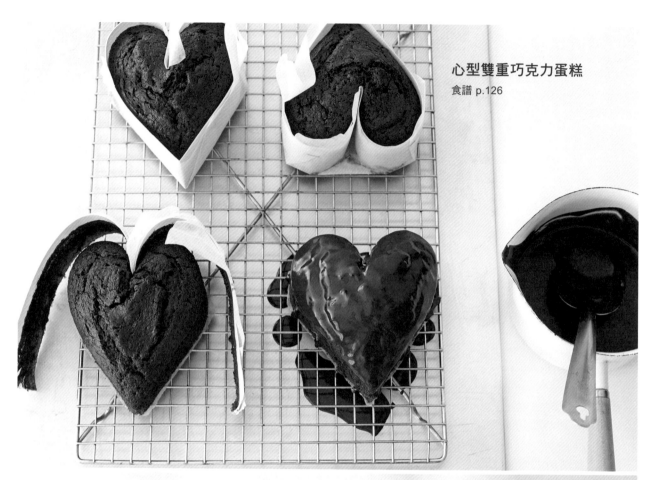

心型雙重巧克力蛋糕
食譜 p.126

自製愛心紙模 作法 p.126

大愛心紙模拿來烤蛋糕，小愛心紙模拿來壓餅乾。
自己動手做紙模，就能將愛心甜點做成喜歡的大小。

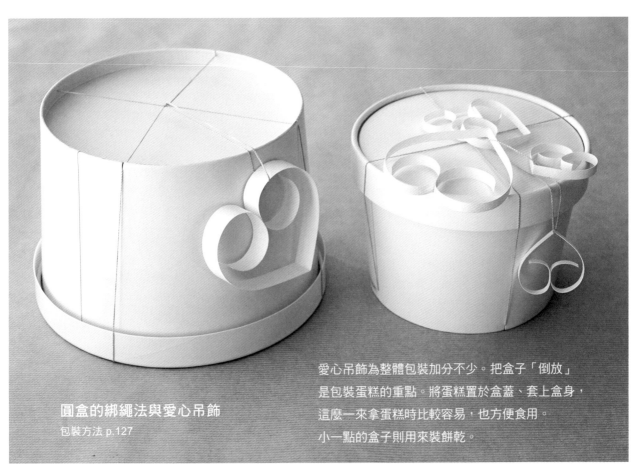

圓盒的綁繩法與愛心吊飾
包裝方法 p.127

愛心吊飾為整體包裝加分不少。把盒子「倒放」
是包裝蛋糕的重點。將蛋糕置於盒蓋、套上盒身，
這麼一來拿蛋糕時比較容易，也方便食用。
小一點的盒子則用來裝餅乾。

焦糖餅乾
食譜 p.62

心型雙重巧克力蛋糕

成品圖 p.124

巧克力蛋糕外層淋上巧克力醬，做出鏡面效果。單純不膩口的香甜滋味，最適合當作友情巧克力。

材料（長 12cm 的愛心，4 個）

＊a

植物油（菜籽油、葵花油、紅花油等味道清淡的
　　油皆可）　150ml

蛋　　　　　　1 顆

原味優格　　　80ml

牛奶　　　　　50ml

從香草莢刮下的香草籽　3cm 的量
　　（或是香草精數滴）

＊b

低筋麵粉　　　160g

可可粉　　　　40g

砂糖　　　　　150g

泡打粉　　　　2 小匙

粗略切碎的巧克力磚（Black）　50g

＊巧克力醬

切碎的巧克力磚（Black）　　200g

液態鮮奶油　　　　　　　　200ml

自製蛋糕用愛心紙模（請參閱右方）　4 個

約 20cm 見方的烘焙紙　　　　　　4 張

1　事前準備：將烘焙紙放在愛心紙模的底部鋪平，拉起周圍的紙，沿著外緣摺合，用釘書機固定（A）。放進烤盤內排好。

2　製作蛋糕：首先在調理盆內倒入植物油與蛋充分拌勻，再加入剩下的＊a 攪拌。

3　另取一調理盆，篩入＊b 的所有粉類，再放入巧克力。用手在中間挖出小洞，少量地倒入 **2**，用打蛋器攪拌至沒有粉粒殘留。

4　把 **3** 的麵糊成 4 等分，裝進 **1** 的紙模。準備兩支湯匙，一支用來舀麵糊，另一支將麵糊推進紙模，這樣比較方便操作。

5　把 **4** 放進已預熱至 170℃ 的烤箱，烤 25 ～ 35 分鐘。烤好後置於蛋糕冷卻架上，放到完全冷卻。

6　將 **5** 脫模：先從愛心尖端的中間撕開，再拉開左右兩側。最後從愛心內凹處抽離紙模，就能漂亮脫模（請參閱 p.124 的成品圖）。

7　製作巧克力醬：取一小鍋，倒入巧克力與鮮奶油，以小火加熱，用木匙攪拌至融化。

8　待 **7** 融化成柔滑液狀，將鍋底隔冷水冷卻。等到變成容易塗抹的稠度，用湯匙舀起，淋在 **6** 的蛋糕上。待完全凝固後，進行包裝。

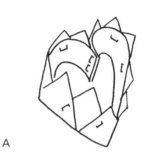

A

自製愛心紙模

成品圖 p.124

心型雙重巧克力蛋糕用愛心紙模

材料（長 12cm 的愛心，4 個）

厚紙　　　4 張

美工刀、尺、釘書機

1　將厚紙裁成寬 5cm× 長 39cm 的紙條。

2　把 **1** 對摺（A），兩端向內彎摺、接合，用釘書機固定（B）。

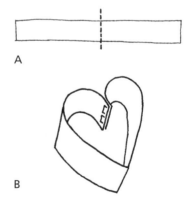

A

B

餅乾、其他蛋糕用愛心紙模

只要改變尺寸，就能用來烤各種糕點。

＊　長 5cm 的餅乾用愛心紙模＝寬 3cm× 長 19cm 的厚紙

* 長 7.5cm 的餅乾用愛心紙模＝寬 4cm× 長 25cm 的厚紙

* 磅蛋糕最常以 2 顆蛋製作，用的是長 18cm 的愛心紙模＝寬 6cm× 長 60cm 的厚紙

* 海綿蛋糕最常以 3 顆蛋製作，用的是長 21cm 的愛心紙模＝寬 6cm× 長 80cm 的厚紙

愛心吊飾

成品圖 p.125

1 準備圖畫紙厚度的紙，剪出寬 8mm ～ 1.5cm、長 20cm ～ 40cm 的紙條。

2 紙條兩端用剪刀刀背刮過（A、B），向內對摺。

3 將 **2** 的捲起處對齊，以口紅膠黏合，就成了愛心的內凹部分（C）。

圓盒的綁繩法

成品圖 p.125

用繩子綁圓盒總是綁不好，很容易滑落。其實，只要在盒子上劃幾刀，三兩下就能輕鬆綁好。

1 裝蛋糕或餅乾前，先用美工刀在盒底邊緣劃出等距的 4 道 V 字型切口（A）。

2 蛋糕擺在盒蓋背面，蓋上盒身。這麼一來，盒蓋即變成底座，因為高度低，無論是直接分切或取出蛋糕都很方便（B）。

* 餅乾則直接放進盒子，蓋上蓋子即可（C）。

3 把繩子夾進盒底的切口，綁成十字結。繩子前端綁上愛心吊飾（請參閱右方）。

* 若是用較寬的緞帶，以美工刀在盒底邊緣劃切口時，配合緞帶的寬度劃成「凹」字型，緞帶就會卡進凹處，不易脫落。

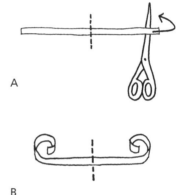

A

B

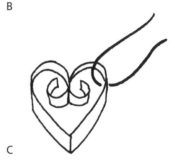

C

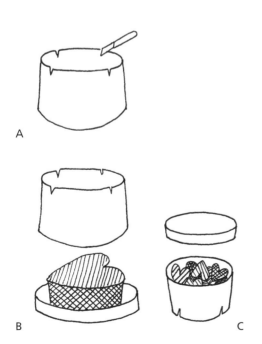

A

B

C

打包用紙杯

派對吃剩的料理，扔掉實在很可惜。

剩下的那塊蛋糕，該怎麼辦才好？

義賣會準備賣小份炸雞時、

收到伴手禮想均分時、

野餐採到野草莓想帶回家時……

偏偏這些時候，手邊就是沒有容器。

只要學會這個作法，就能用紙杯做出簡易的打包杯。

作法很簡單。

在杯緣等距剪出 4 個「與杯口半徑相同長度」的切口，

依序用手往內摺，塞住固定。

如此一來，切口內摺的部分會互相扣住，就算沒貼膠帶也不會鬆開。

雖然無法密封，臨時需要打包時，就能派上用場。

剪 4 個切口，摺好後呈現風車的造型；

若是剪 5 個切口，看起來好似可愛的花朵。

蘋果草莓手捏派

成品圖 p.9

不需要準備派盤的簡單作法。用手拌一拌，酥脆派皮即完成。搭配當季的新鮮水果做成美味的派。

材料（直徑 28cm 的圓形，1 個）

＊派皮

低筋麵粉	60g
高筋麵粉	70g
黍砂糖＊	1 小匙
鹽	⅛小匙
無鹽奶油	90g
冷水	40 ～ 50ml

蘋果（紅玉、茜〔Akane〕、陽光富士〔Sun Fuji〕等品種） 小顆	1 ½顆
草莓		6 粒
融化的無鹽奶油		3 大匙
黍砂糖＊		3 大匙

＊譯註：黍砂糖（きび砂糖）。類似台灣的二砂。

1 製作派皮：麵粉與砂糖、鹽混合，篩入調理盆。加入切碎的冰奶油，用手指搓拌，別讓奶油融化，拌至殘留些許粉粒的狀態即可。

2 先在 **1** 裡加 30ml 的冷水，用橡皮刮刀切拌。再視情況加 10 ～ 20ml 的冷水，拌至可以揉成團的硬度。

3 把 **2** 用手輕輕揉成團，包上保鮮膜，放進冰箱冷藏約 1 小時以上（如果時間充裕，建議要烤的前一天做好）。

4 烤箱預熱至 200℃。蘋果去皮、去核，切成 5mm 厚的片狀。草莓去蒂，切成 5mm 厚的片狀。

5 取出 **3**，放在烘焙紙上，撒些手粉（分量外），用擀麵棍擀壓成直徑 32cm、厚 3mm 的圓形。

6 將 **5** 的邊緣向上拉起 5cm，中間疊上 **4** 的蘋果片，排成直徑 22cm 的圓形，再擺上 **4** 的草莓片。

7 把 **6** 拉起的邊緣往內摺疊（A）。連同烘焙紙一起移入烤盤。

8 在 **7** 的表面均勻塗刷融化的奶油、撒些砂糖。放進烤箱，以 200℃ 烤 40 ～ 60 分鐘。待完全冷卻後，進行包裝。

＊ 如果麵團中途變軟了，請先暫停作業，放進冰箱冷藏。變硬後再重新操作就不會失敗。

＊ 可搭配鮮奶油或冰淇淋一起吃。

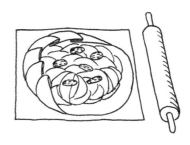

A

果醬茶香磅蛋糕

成品圖 p.13

蛋糕體是速成麵包式作法，奶油量比麵粉量略少。滋味樸實，配奶茶很對味。

材料（7cm×18cm 的木片烤模〔Pani-moule〕，2 個）

無鹽奶油	90g
砂糖	120g
鹽	一小撮
蛋	3 顆
低筋麵粉	180g
泡打粉	1 大匙
覆盆子香草果醬（請參閱 p.136）	4 大匙
藍莓肉桂果醬（請參閱 p.82）	4 大匙

1 在木片烤模內鋪入烘焙紙。烤箱預熱至 180℃。

2 將置於室溫下回軟的奶油、鹽、砂糖放進調理盆，用打蛋器攪拌至鬆發變白。接著少量地加入蛋液混拌。

3 低筋麵粉與泡打粉混合後，篩入 **2** 裡，用打蛋器切拌均勻。

4 使用兩支湯匙，一支用來舀 **3** 的麵糊，另一支將麵糊推進 **1** 的木片盒。兩種口味的果醬各挖 2 大匙放在麵糊上。放進烤箱烤 25 ～ 35 分鐘。烤好後，置於蛋糕冷卻架上放涼。待完全冷卻後，進行包裝。

法式小泡芙

成品圖 p.15

這道法式小泡芙（Chouquette）是在泡芙外皮撒上大量珍珠糖烤成的烘焙點心，口感輕酥，是巴黎甜點店的基本品項。因為容易受潮變軟，適合送禮前現烤。

材料（直徑 3cm 的小泡芙，約 70 個）

無鹽奶油	80g
水	200ml
砂糖	1 大匙
低筋麵粉	100g
蛋	3 顆＋1 顆
珍珠糖	適量

1 低筋麵粉過篩備用。

2 奶油、水、砂糖下鍋，加熱煮滾。接著轉小火，快速加入 **1** 的低筋麵粉，用木匙攪拌。拌至麵糊不會沾黏至鍋底或木匙上即可關火。

3 把 3 顆蛋一顆顆分次加進 **2** 裡拌勻。最後 1 顆蛋打成蛋液再少量地加入其中。拌至用木匙撈起後，麵糊會緩緩垂下，呈現倒三角形的膜狀（A）。

4 把 **3** 填入裝了 1cm 圓形擠花嘴的擠花袋，在鋪了烘焙紙的烤盤內，保持約 4cm 的間隔，擠出直徑 3cm 的圓形。

＊ 若手邊沒有擠花袋，可用湯匙舀麵糊，做成直徑 3cm 的圓形。

5 在 **4** 的表面撒上大量的珍珠糖。用手輕壓，使其貼合麵糊表面。

6 將 **5** 放進已預熱至 200℃ 的烤箱，烤 13 ～ 18 分鐘。用竹籤刺入底部，若無濕麵糊沾黏即完成。置於網架上冷卻。剩下的麵糊依照步驟 **4 ～ 6** 的作法烘烤。

＊ 珍珠糖是一種內含空氣、口感脆硬輕盈的砂糖。在烘焙材料行能買得到。

＊ 也可用磨碎的帕瑪森起司取代珍珠糖，多撒一點，烤出來也很好吃。

A

草莓黑胡椒三明治

成品圖 p.17

用大量的草莓做成大家都愛的水果三明治。以黑胡椒提味，形成微辣的成熟滋味。

材料（吐司 8 片的量）

小顆草莓	12 粒
吐司	8 片
液態鮮奶油	200ml
黍砂糖＊	1 大匙
黑胡椒	適量

＊譯註：黍砂糖（きび砂糖）。類似台灣的二砂。

1 草莓清洗乾淨，擦乾水分，切除蒂頭。

2 將砂糖加入鮮奶油中，打至八分發。均勻抹在 8 片吐司上。中間抹厚一點是訣竅（A）。

3 在 **2** 的吐司中央擺上 3 粒草莓，撒些黑胡椒，再擺上一片吐司（A）。剩下的 6 片吐司也是相同作法。

4 把 **3** 用保鮮膜包好，放進冰箱冷藏 30 分鐘。取出後，從能夠看到草莓切面的方向對切（B）。

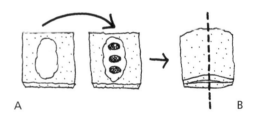

A   B

奶油起司司康

成品圖 p.19

外皮香酥、內層濕潤。可以快速做好的司康，很適合當成伴手禮。

材料（長 12cm 的三角形，10 個）

＊ a

高筋麵粉	150g
低筋麵粉	150g
泡打粉	2 小匙
砂糖	30g
鹽	一小撮

奶油起司	160g
磨碎的檸檬皮	1 小匙
牛奶	70ml ＋少量

1 ＊a 的材料混合後，篩入調理盆。

2 將放進冰箱冷藏變硬的奶油起司切碎。

3 把 2 和檸檬皮加進 1 裡，用手抓拌成乾散的麵包粉狀。

4 在 3 裡倒入 70ml 的牛奶，用橡皮刮刀切拌均勻。

5 接著用沾了手粉（分量外）的手輕揉成團，包上保鮮膜，放進冰箱冷藏 30 分鐘。

6 把 5 放在撒了手粉的調理台上，麵團也撒些手粉，用手壓成直徑 20cm、厚 3cm 的圓餅狀，以放射狀切成 10 等分。

7 麵團移入鋪了烘焙紙的烤盤排好，每塊保持 3cm 的間隔。為了讓烤色更漂亮，表面塗上少量的牛奶。放進已預熱至 200℃ 的烤箱，烤 20 ～ 30 分鐘。

蜂蜜糖漿葛縷子蛋糕

成品圖 p.22

這是英國的傳統點心，葛縷子（Caraway）的風味加上蜂蜜糖漿，更是美味。

材料（8cm×22cm 的磅蛋糕烤模，1 個）

無鹽奶油	80g
砂糖	80g
鹽	一小撮
葛縷子粉	1 ½ 大匙
蛋	2 顆
低筋麵粉	130g
泡打粉	2 小匙

＊蜂蜜糖漿

蜂蜜	30g
細砂糖	20g
水	2 大匙

1 將置於室溫下回軟的奶油、砂糖、鹽、葛縷子粉倒進調理盆，用打蛋器刮拌。接著把 2 顆蛋打成的蛋液少量地加入、拌勻。

2 低筋麵粉與泡打粉混合後，篩入 1，用橡皮刮刀切拌均勻。

3 倒入鋪了烘焙紙的烤模裡，放進烤箱，以 170℃ 烤 30 ～ 40 分鐘。烤好後，置於蛋糕冷卻架上放到完全冷卻。

4 在小鍋內倒入蜂蜜糖漿的材料，以中火加熱。煮到冒出有黏性的大氣泡即可關火。澆淋在 3 的表面，待冷卻凝固後，進行包裝。

＊ 可用 2 大匙藍罌粟籽取代葛縷子，味道也很棒。

舊金山風味穀麥

成品圖 p.24

可攝取豐富的膳食纖維，營養均衡的美式早餐。是工作忙碌的大人或發育期的孩子都會喜歡的味道。

材料（30cm 的正方形烤盤，方便製作的量）

＊a

大燕麥片	5 杯（500g）
全麥麵粉	1 ½ 杯
生杏仁片	1 杯
切碎的核桃仁	1 杯
南瓜子	1 杯
去皮白芝麻	1 大匙
植物油（菜籽油、葵花油、紅花油等味道清淡的油皆可）	1 杯
蜂蜜	230g
葡萄乾	1 杯

1 調理盆內放入 ＊a 的材料，用木匙拌勻。

2 把 1 倒進鋪了烘焙紙的烤盤裡攤平。

3 把 2 移入已預熱至 160℃ 的烤箱中層，烤 30 分鐘。

4 在 3 裡加蜂蜜並拌勻。放回烤箱，以 160℃ 烤 30 分鐘（為避免烤焦，先烤 15 分鐘，從烤箱取出、翻拌整體後，再放回烤箱烤 15 分鐘）。

5 將葡萄乾拌入 4 裡，完全冷卻後，裝進密封容器保存。

＊ 搭配當季水果，加入原味優格或牛奶、豆漿一起吃。

香草戚風蛋糕

成品圖 p.29

鬆軟濕潤的輕盈口感。這道食譜做出來的蛋糕會膨脹得大大的，不僅做的人開心，收到的人也會吃得很滿足。

材料（直徑 15 ～ 17cm 的戚風蛋糕烤模，1 個）

低筋麵粉	60g
蛋黃	3 顆
蛋白	3 顆的量
砂糖	20g ＋ 50g
水	35ml
植物油（菜籽油、葵花油、紅花油等味道清淡的油皆可）	35ml
香草莢	5cm

＊裝飾

液態鮮奶油	150ml
砂糖	1 大匙

1 事前準備：烤箱預熱至 180℃。蛋黃與蛋白分開，蛋白放進冰箱冷藏。低筋麵粉過篩兩次。刮下香草莢內的香草籽備用。

2 製作蛋糕麵糊：首先將 20g 的砂糖分兩次加進蛋黃裡，用手持式攪拌器打至變白的黏稠狀。

3 接著換用打蛋器，把植物油、水、香草籽加在一起後，少量地加進 2 裡拌勻。再倒入低筋麵粉，快速畫圈攪拌。

4 製作蛋白霜：另取一調理盆倒入蛋白，用洗淨且擦乾的手持式攪拌器略為打發。將 50g 的砂糖分 3 次加入其中，打至舀起時可拉出挺立的尖角。

5 取¼的 4 加進 3 裡，用打蛋器拌勻（這麼做剩下的蛋白霜會比較好拌勻）。

6 把 5 倒入 4 的調理盆裡，用橡皮刮刀自底部向上切拌。

7 邊轉動烤模，邊從較高的角度倒入 6。為避免產生氣泡，請一口氣倒入。

8 把 7 放進烤箱，烤 25 ～ 35 分鐘。烤好後，用竹籤刺入蛋糕，若無沾黏即完成。將玻璃杯倒放在桌上，烤模倒扣於杯底放涼（A），這麼做可避免蛋糕收縮凹陷。

9 完全冷卻後，切掉超出烤模邊緣的蛋糕。刀子沿著烤模內側繞劃一圈，刀面緊貼烤模內側是重點。中央的軸心周圍用竹籤繞劃一圈

（B）。最後用刀子沿底部繞劃一圈，即可取下蛋糕。

10 取一調理盆倒入鮮奶油及砂糖，打至七分發。

11 在蛋糕底部鋪放烘焙紙。把 10 填入中央的洞，在鮮奶油上方放一張烘焙紙（請參閱 p.29 左下圖），即可進行包裝。

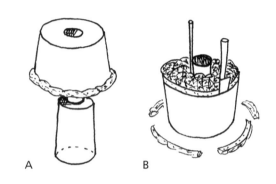

A   B

覆盆子香料牛奶糖

成品圖 p.27

酸酸甜甜的覆盆子與香料非常對味，可說是生牛奶糖的嶄新組合。

材料（20cm 的正方形烤模，1 個）

細砂糖	320g
水飴	50g
水	80ml
無鹽奶油	80g
液態鮮奶油	200ml

＊a

肉桂粉	½小匙
肉豆蔻粉	⅓小匙
鹽	一小撮
切碎的冷凍覆盆子	12 粒

1 事前準備：烤模內鋪入烘焙紙。準備一杯冰水在旁備用。

2 鍋中倒入細砂糖、水飴和水，以中火慢慢煮稠。煮至變成焦糖色即可關火。待表面滾沸的細泡散去，加入鮮奶油與奶油，用木匙混拌。

3 再次以小火加熱 2，一邊用木匙攪拌至濃稠狀。為確認煮稠的程度，滴幾滴在 1 的冰水裡。若凝固成不會黏手的黏土團狀，即可關火。

4　待 **3** 的滾沸細泡消去，加入 ＊a 的香料及鹽混拌。最後再加入覆盆子攪拌（溫度太高會讓顏色變得不好看，要特別注意）。接著倒入 **1** 的烤模。

5　放在屋內陰涼處，靜置半天待其凝固。要切之前，放進冰箱冷藏 30 分鐘會比較好切。切成 1.5cm×4cm 的大小。

無奶油薑餅

成品圖 p.32

微辣的薑很夠味，餅乾酥鬆化口，令人停不了手的好滋味。

材料（直徑 6cm 的圓形，25 片）
＊a
蛋	1 顆
植物油（菜籽油、葵花油、紅花油等味道清淡的油皆可）	60ml
蜂蜜	50g
黍砂糖＊	50g
薑泥	1 小匙
肉桂粉	1 小匙
低筋麵粉	200g
泡打粉	1 小匙

＊譯註：黍砂糖（きび砂糖）。類似台灣的二砂。

1　把蛋打入調理盆內攪散，少量地倒入油，用打蛋器攪勻。倒入剩下的 ＊a，用打蛋器混拌。

2　低筋麵粉與泡打粉混合後，篩入 **1** 裡，拌成濕黏的麵團。包上保鮮膜，放進冰箱冷藏一晚。

3　取出 **2**，放在撒了手粉（分量外）的調理台上，用擀麵棍擀成 5mm 厚。用杯緣壓成圓形，剩下的麵團重疊，再用擀麵棍擀薄、壓成圓形。

4　把 **3** 移入鋪了烘焙紙的烤盤，保持 2cm 的間隔排好。放進烤箱，以 170℃烤 15 ～ 20 分鐘。置於蛋糕冷卻架上放涼，待完全冷卻後，進行包裝。

可愛小花糖
玫瑰、玫瑰果、洋甘菊

成品圖 p.34

外觀精緻討喜，適合當作禮物。入口後散發柔和花香。可搭配冰淇淋或蛋糕，放進茶裡也很美味。

材料（直徑 2.5cm 的小花，約 30 個）
糖粉	30g
市售的風味糖漿（MONIN 糖漿等）	適量

＊本書使用的是玫瑰、玫瑰果、洋甘菊的糖漿。
市售擠花袋　數個

1　取一大托盤，鋪入烘焙紙。

2　把糖粉用濾茶網篩入調理盆，分次滴入喜歡的糖漿，每次滴數滴，用湯匙拌勻。

3　拌至呈現略為黏稠的糊狀後，填入擠花袋。袋子前端用剪刀剪掉 2 ～ 3mm，在 **1** 的烘焙紙上擠出直徑 2.5cm 的小花。

4　趁 **3** 半乾時，用別種風味的糖糊在中央擠出代表花芯的小圓。放在乾燥處，靜置一天。完全乾燥後，用刀子挑起，裝進密封容器保存。

＊　建議在濕度低的乾爽晴天時製作。濕度高的話，糖接觸到室內的溼氣，無法完全乾燥。

＊　將圖 A 影印剪下，墊在烘焙紙下方，照著擠會更好擠。

A

自製馬卡龍

成品圖 p.33

抹上自己做的奶油餡現吃，能品嘗到酥脆口感。或者放一會兒再吃，享受蛋白餅與餡料交融的美味。

材料（直徑 4cm 的圓形，30 個）
蛋白	70g
細砂糖	55g
糖粉	85g
杏仁粉	70g

1 事前準備：蛋白放進冰箱冷凍。糖粉與杏仁粉混合過篩，放進冰箱冷藏。擠花袋裝上直徑 5mm 的圓形擠花嘴，套入杯中撐開。將 **3 ~ 4** 張裁成烤盤大小的烘焙紙攤開鋪在調理台上。

2 調理盆內倒入冰鎮過的蛋白，用手持式攪拌器略為打發。分 3 次加入細砂糖，打至舀起時可拉出挺立尖角的狀態。

3 從冰箱取出混合好的糖粉與杏仁粉，加進 **2** 裡，用橡皮刮刀切拌，拌至殘留些許粉粒、質地濃稠的糊狀。

4 壓拌（Macaronnage）**3** 的馬卡龍糊：以橡皮刮刀面從盆底向上翻拌，壓出馬卡龍糊裡的氣泡。邊旋轉調理盆，邊用橡皮刮刀均勻壓拌馬卡龍糊約 40 次。

5 以橡皮刮刀舀起馬卡龍糊，若能夠滑順落下，在表面形成緞帶狀，即可填入備妥的擠花袋，袋口用橡皮筋綁好。

6 擠花袋與烤盤保持平行，在烘焙紙上以 2cm 的間隔擠出直徑 3.5cm 的圓形。馬卡龍糊全部擠完不要剩（A）。

7 靜置約 1 小時，待 **6** 的馬卡龍糊乾燥，表面會形成薄膜，看起來像是毛玻璃的質感。

8 把 **7** 移入烤盤，放進烤箱，以 160℃ 烤 90 秒（烤出裙邊）。暫時打開烤箱門，使溫度降到 130℃，再烤 15 ~ 18 分鐘

9 取出 **8**，連同烘焙紙一起放涼。重複步驟 **8 ~ 9**，烤完所有的馬卡龍糊。

10 待完全冷卻後，裝進密封容器。

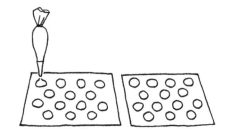

A

檸檬奶油餡

成品圖 p.33

用馬卡龍夾著吃，享受清爽的酸味。

材料（方便製作的量，約 140ml）
蛋	1 顆
檸檬汁	1 顆的量
無鹽奶油	50g
砂糖	75g
從香草莢刮下的香草籽	2cm 的量

1 把蛋打入調理盆內攪散，倒入剩下的材料，隔水加熱。融化成柔滑的質地後，用網篩過濾。

2 再次隔水加熱，不時以木匙攪拌，拌至呈現黏稠狀。用手指在木匙沾附的奶油上畫線，如果痕跡沒有消失即完成。

3 裝入乾淨的密封容器，放進冰箱冷藏。

焦糖奶油餡

成品圖 p.33

用馬卡龍夾著吃，品嘗香醇的微苦。

材料（方便製作的量，約 140ml）
細砂糖	100g
鹽	一小撮
水	50ml
加熱過的牛奶	60ml

1 取一小鍋，倒入細砂糖、鹽、水加熱。

2 慢慢煮稠，煮至變成褐色即可關火，倒入加熱過的牛奶拌勻。

3 裝入乾淨的密封容器，放進冰箱冷藏。

蛋白糖霜杯子蛋糕

成品圖 p.35

蛋白糖霜與巧克力蛋糕相當搭。糖霜的表面烤上色後，附著效果更好，方便攜帶。

材料（直徑 8cm 的杯子蛋糕紙模，9 個）

烘焙用巧克力（可可成分較多）	200g
無鹽奶油	100g
砂糖	60g
蛋	3 顆
牛奶	4 大匙
低筋麵粉	110g
泡打粉	1 ½小匙

＊**蛋白糖霜**

細砂糖	10g ＋ 30g
水	1 大匙
蛋白	30g

1 巧克力切碎。

2 在調理盆內放入 **1**、奶油、砂糖，隔水加熱融化。

3 接著把蛋液和牛奶加進 **2** 裡拌勻。

4 低筋麵粉與泡打粉混合，篩入 **3** 裡，用橡皮刮刀粗略混拌。

5 準備兩支茶匙，一支用來舀 **4** 的麵糊，另一支將麵糊推進紙模，這樣比較方便操作。麵糊裝七分滿即可。

6 把 **5** 放進烤箱，以 170℃烤 15 ～ 20 分鐘。用竹籤刺入中心，若無沾黏即完成。置於蛋糕冷卻架上，放到完全冷卻。

7 製作蛋白糖霜：首先將蛋白倒進調理盆攪散，用手持式攪拌器一邊攪打，一邊加入 10g 的細砂糖，打至舀起時可拉出挺立的尖角。

8 取一小鍋，倒入 30g 的細砂糖與水，以中火煮滾，當大氣泡變成小氣泡即可關火（用叉子前端沾取會呈現黏稠的固態）。把糖漿以細線狀慢慢加進 **7** 裡，持續用手持式攪拌器打發（請參閱 p.78 的圖 A）。

9 持續攪打至完全冷卻。打到出現光澤感、可拉出挺立的尖角即完成。

10 用餐刀舀一坨 **9** 的蛋白糖霜，放在 **6** 的蛋糕上。

11 把 **10** 放進已預熱至 230℃的烤箱，烤 2 ～ 3 分鐘，烤至糖霜的尖端上色後立刻取出。

蘋果乾

成品圖 p.44

吃不完的蘋果，做成蘋果乾分送給大家。甜味自然且熱量低。

材料（30cm 的正方形烤盤，2 個）

蘋果	5 個

1 烤盤內鋪入烘焙紙。

2 蘋果去皮、去核，切成 8mm 厚的圓片。

3 把 **2** 移入 **1** 的烤盤排好，排的時候不要重疊。放進烤箱，以 110℃烤 30 分鐘。

4 取出 **3**，將蘋果片翻面，再放回烤箱烤 30 分鐘。烤好後，留在烤箱內，利用餘溫烘乾。待完全冷卻後，裝進密封容器保存。

糖漬檸檬

成品圖 p.46

用烤箱蒸烤而成的檸檬醬，作法簡單，不必熬煮。
檸檬香氣十足，真的很好吃。

材料（容量 350ml 的罐子，2 個）	
成熟的無農藥檸檬	淨重 370g（約 4 個）
細砂糖	320g
水	160ml
1L 的不鏽鋼方盤	1 個
茶包袋	1 個
烘焙紙	適量
鋁箔紙	適量

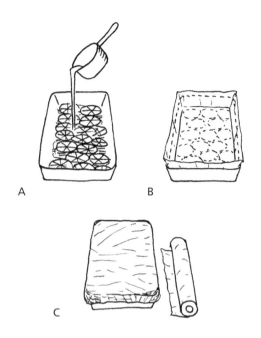

1 檸檬洗淨後，把受損或變質的部分薄薄削掉，
  切除兩端。

2 將 **1** 切成 2mm 厚的片狀，每切一片就用刀鋒將
  露出的籽挑出，這麼做比較容易切成薄片。挑
  出來的籽裝進茶包袋備用（因為檸檬籽含有果
  膠）。

＊ 檸檬片若切太厚，糖漿不易滲透，比起切得漂亮，切
  薄才是重點。如果覺得不好切，先縱切，切成半月形
  後再切片。

3 把 **2** 放進不鏽鋼方盤排成一致的高度，裝了籽
  的茶包袋放在縫隙處。

4 取一小鍋，倒入細砂糖和水，以中火加熱，用
  木匙攪拌至融化。完全化成透明的糖漿後，淋
  在 **3** 上（A）。

5 準備一張比方盤大兩圈的烘焙紙，緊密覆蓋在
  淋了糖漿的檸檬片表面，多出來的紙緊貼方盤
  側面（當作內蓋。B）。接著包上鋁箔紙（防
  止烤焦。C）。

6 把 **5** 放進烤箱，以 200℃烤 1 小時～ 1.5 小時。
  烤 50 分鐘後，先從烤箱取出，確認烤的狀態。

7 如果檸檬的白囊部分變得透明，呈現淺褐色即
  完成。要是覺得還烤不夠，可再延長 10 ～ 20
  分鐘，但請留意別烤太乾。

8 從烤箱取出 **7**，靜置冷卻。待熱氣散去後，拿
  出茶包袋，裝進乾淨的瓶子裡。

＊ 每顆檸檬的籽未必一樣多或少，就算比較少還是能煮
  出黏稠度。若手邊沒有茶包袋或檸檬籽較少時，可直
  接塞入方盤的邊縫。

＊ 糖漿的溫度非常高，煮的過程中或拿的時候務必小
  心。

覆盆子香草果醬

成品圖 p.46

滋味酸甜高雅的果醬。香草風味明顯，適合用來製
作各種點心。

材料（方便製作的量，約 350ml）	
冷凍覆盆子	300g（約 1 包）
檸檬汁	⅙個的量
細砂糖	200g
香草莢	3cm

1 取一琺瑯鍋，倒入覆盆子與香草莢、檸檬汁、
  細砂糖，不時用木匙輕輕攪拌，靜置 30 分鐘，
  直到水分釋出，鍋內呈現濕潤狀態。

2 用大火加熱 **1**，煮滾後仔細撈除浮沫。

3 轉中火，煮至變稠，邊煮邊用木匙輕輕混拌，
  煮約 20 分鐘。稠度依個人喜好調整。要特別注
  意的是，果醬冷卻後會變得比加熱時更稠。

4 關火起鍋，取出檸檬片。趁熱裝入用熱水煮過
  且充分晾乾的空罐，輕放上蓋子，靜置放涼。
  待完全冷卻後，蓋緊蓋子，放進冰箱冷藏。建
  議最好兩週內吃完。

＊ 也可用 300g 的草莓取代冷凍覆盆子。

鳳梨粉紅胡椒香甜酒

成品圖 p.47

做好後立刻送出，讓收到的人也能欣賞瓶子裡美麗的變化。

材料（300ml 的密封罐，1 個）

粉紅胡椒	15 粒
鳳梨	淨重 150g
細砂糖	150g
醋	25ml
檸檬片	1 片

1　在用熱水煮過且充分晾乾的密封罐內倒入粉紅胡椒。將切成 3mm 厚的鳳梨片重疊放進罐裡。

2　在 **1** 的上方倒入細砂糖和醋，擺上檸檬片後密封。旋轉罐身，讓醋均勻分佈。

3　避開陽光直射的地方，以室溫保存。放置數日，待砂糖溶化，就是最佳的飲用時期。

4　製作風味水：舀 2 大匙 **3** 的香甜酒及少許果肉，加 180ml 的氣泡水（A）即完成。

＊　用西洋李取代鳳梨，做出來的味道也很棒。

A

紅栗米甘酒

成品圖 p.49

將米麴和粥用電鍋加熱保溫做成的甜酒。當成節日或祝賀的禮物相當不錯。

材料（容量 500ml 的瓶子，約 3 個）

紅栗米	50g
白米	100g
米麴	250g
熱水（60℃）	850ml
溫度計、電鍋	

1　紅栗米和白米混合洗淨，泡水約 1 小時。鍋中倒入米與略多的水，加熱炊煮成粥（或是直接用電鍋煮）。

2　把 **1** 用木匙充分混拌、大略放涼，讓溫度降至 70℃以下（麴菌在高溫下無法發揮作用）。

3　用手剝散米麴，加進 **2** 裡拌勻。加入熱水拌一拌。

4　按下電鍋的保溫鍵，將鍋蓋開著，蓋上乾布保溫（A）。約每 1.5 小時用木匙混拌。變甜的話代表完成，一共大概需要 5 小時。

5　待 **4** 放涼後，裝入乾淨的空瓶，放進冰箱冷藏保存。

＊　可以直接喝，或是加水、加熱後再喝。

＊　不用紅栗米，只用白米（150g），做出來就是白色的甘酒。不妨兩種都做，品嘗雙重風味。

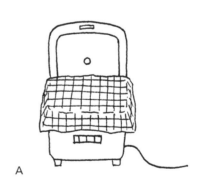

A

無花果水羊羹

成品圖 p.51

讓人想配茶吃的清涼和菓子。切大塊一點，淋上黑糖蜜或楓糖漿也很美味。

材料（18cm×10cm、高 4cm 的保鮮盒，1 個）

無花果	淨重 250g
砂糖	100g
檸檬汁	½ 個的量
寒天粉	3g

1 無花果去蒂，大略切塊，與砂糖、檸檬汁一起放入琺瑯鍋，用木匙擠壓出水分。

2 開火加熱 1，邊煮邊用木匙混拌，煮 3 ～ 4 分鐘。

3 關火，將寒天粉篩進 2 裡（A）。再次加熱，邊煮邊用木匙混拌，煮 2 分鐘。

4 關火，待 3 降至 60℃ 左右，倒入容器（B）。待熱氣散去後，放進冰箱冷藏。

A

B

無奶油西班牙傳統酥餅

成品圖 p.55

西班牙傳統酥餅（Polvorone）是西班牙安達魯西亞（Andalucía）地區的鄉土點心。從粉料開始烤是其特徵。自 1870 年經營至今的「Mantecadas Salinas」是我鍾愛的品牌。加了榛果，非常好吃，包裝也很典雅。雖然一般多為方形，做成圓的更容易。

材料（直徑 3cm 的圓形，20 個）

低筋麵粉	100g
杏仁粉	50g
（如果買得到，更建議使用榛果粉）	
糖粉	40g
肉桂粉	½ 小匙
鹽	一小撮
植物油（菜籽油、葵花油、紅花油等味道清淡的油皆可）	50g
沾裹用糖粉	適量

1 低筋麵粉與杏仁粉混合後倒進烤盤攤平，放進烤箱，以 150℃ 烤 10 ～ 15 分鐘。待傳出香氣、略為上色後即可取出，倒入調理盆。

2 待熱氣散去後，將糖粉、肉桂粉和鹽加進 1 裡拌勻。

3 將植物油加入 2 裡，以木匙混拌成團，用手搓成棒狀，分成 20 等分（如果覺得會黏手，放進冰箱冷藏 30 分鐘）。

4 用手把 3 揉成圓球，保持一定間隔，放在烘焙紙上排好（A）。放進已預熱至 160℃ 的烤箱，烤 20 分鐘。

5 取出 4，趁熱用濾茶網篩撒大量糖粉。裝進塑膠袋放涼，利用水蒸氣使糖粉沾附於表面。

＊ 在步驟 2 時，加少許磨碎的檸檬皮或柳橙皮，味道也很棒。

＊ 可用等量的米粉取代低筋麵粉。

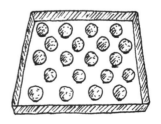

A

摺封袋口

成品圖 p.14

1 袋口往下摺一折。

2 兩側往後斜摺（A、B）。

* 三兩下就完成了漂亮的包裝。這個摺法還有另一種變化。袋口往下摺兩折，壓緊後將其中一側往後斜摺。

以橡皮筋封袋

成品圖 p.15

1 把橡皮筋套在袋口下 3～5cm 處，用手將橡皮筋拉長扭轉數圈，使其呈現細繩狀（A）。

2 用 1 纏繞封口（B），最後將袋口往下摺，套入橡皮圈裡固定（C）。

* 只要解開袋口的橡皮筋就能輕鬆打開袋子。

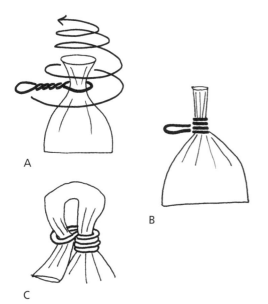

b：最小紙張的牛奶糖包法

成品圖 p.26

1 將牛奶糖擺在紙的對角線中央（A），左右兩角向內交疊（B）。

2 上下兩角用手扭結固定（C）。

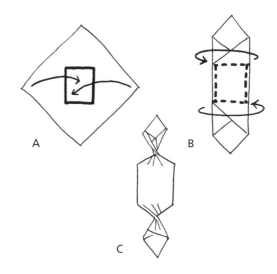

e：兩端三角形的牛奶糖包法

成品圖 p.26

依照 p.37「基本的牛奶糖包法」步驟 1～5 進行包裝（步驟 2 時不貼膠帶）。省略步驟 6 和 7 將三角形往下摺的部分，兩邊就會呈現三角形（A～D）。

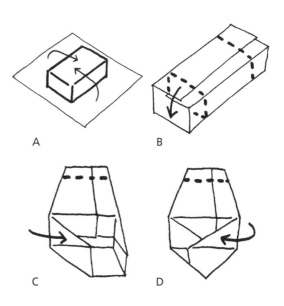

牛奶糖甜心圈

成品圖 p.27

1 這種包法的扭結要長一點，盡量將烘焙紙裁大
  張一些。

2 依照 p.28「基本的糖果包法」進行包裝。

3 將糖果各取一邊的扭結用繩子綁住、打蝴蝶
  結，以這個方式綁接成圈狀（A）。

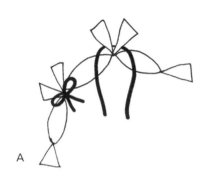

A

大糖果包法

成品圖 p.29

材料（直徑 15 ～ 17cm 的戚風蛋糕，1 個）
寬 60 ～ 65cm× 長 35 ～ 40cm 的烘焙紙或硫酸
    紙　1 張
寬 60 ～ 65cm× 長 70cm 左右的包裝紙（本書是
    用白紙）　1 張
繩子、自製標籤貼紙（請參閱 p.45）　各適量

1 烘焙紙平鋪於桌上，將 p.132 的香草戚風蛋糕
  連同上方與底部的烘焙紙擺在正中央（A）。
  依照 p.8「圓塔派的基本包法」步驟 **1** ～ **6** 進行
  包裝（包成長邊往下捲摺，短邊兩側摺成三角
  形的狀態。B）。

2 把 **1** 擺在包裝紙的正中央，依照 p.8「圓塔派
  的基本包法」步驟 **1** ～ **3** 進行包裝，紙的兩邊
  對齊，往下捲摺（C）。再將兩端收攏，用力
  扭緊，用繩子打結固定。如圖所示，繩子不剪
  斷，綁接起來後就成了提把（D）。

3 接合處貼上標籤即完成。

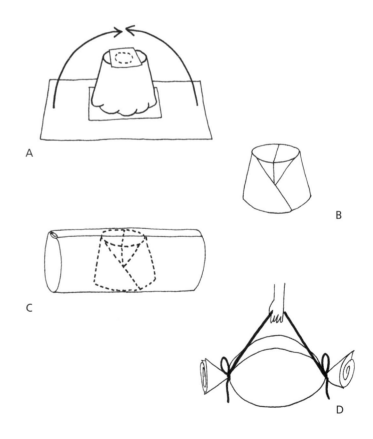

A

B

C

D

4 種緞帶綁法

成品圖 p.38

雙邊框＋縱向一字結

1 將緞帶從左上角為起點，斜繞
　過盒子的四個角，再繞過 x 的
　上方（A）。

2 往下縱繞過底部，將 x、y 打
　結固定（B）。

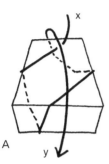

A　　　　　　　　　B

四邊框

1 將緞帶從左上角為起點，斜繞
　過盒子的四個角（A）。

2 x、y 兩端交叉後，將 y 從右
　上角為起點，同樣斜繞過四
　個角。最後將 x、y 打結固定
　（B）。

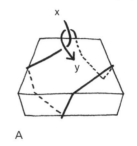

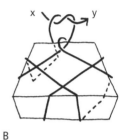

A　　　　　　　　　B

橫向雙十字

1 緞帶縱繞過底部，x、y 兩端
　交叉，將 y 橫繞過底部，拉向
　左右（A）。

2 再次將 x、y 兩端交叉，將 y
　往反方向橫繞過底部（B）。

3 將 x、y 於側邊打結固定
　（C）。

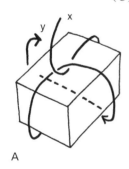

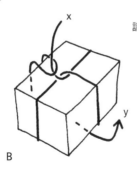

A　　　　　　　　　B

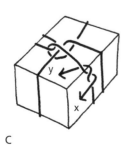

C

三邊筒捆法

1 盒底朝上擺放，緞帶交叉纏繞
　盒身兩次，讓底部呈現「x」
　形，將 y 分別穿過上方兩條緞
　帶的上與下（A）。

2 x、y 繞至底部（B）。

3 盒子翻轉至正面，如圖所示，
　把 x、y 分別由上往下繞過兩
　條緞帶，打結固定（C）。

為了纏繞盒身，
請準備長一點的繩子

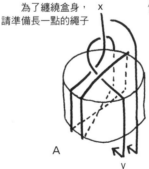

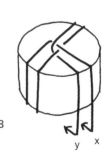

A　　　　　　　　　B

C

瓶罐的基本包法

成品圖 p.46

1. 用紙包住罐身確認尺寸，準備一張寬度＝罐身周長＋3～5cm、高度＝「罐高＋比罐子直徑略長」的紙。

2. 罐子倒放在紙的中央，用紙包捲（A）。

3. 從罐底部分開始摺，讓 **2** 的接合處朝上，紙邊往下摺（B）。如圖所示，兩側各做出兩個皺褶（C）。

4. 將下方多出的紙塞入皺褶（D、E）。

5. 扶起罐子立好，依照步驟 **3**～**4** 的摺法處理頂部。

酒瓶的基本包法

成品圖 p.48

a：右邊的酒瓶包法

準備一張長一點的紙，依照左方的說明包完底部後，扶起瓶子立好（A）。將上方多出的紙扭成束狀，在瓶口上方打結固定（B）。

b：中間的酒瓶包法

包法同上，最後在瓶口下方綁上繩子。

c：左邊的酒瓶包法

紙不夠長的時候，從瓶口處反摺至瓶頸，綁上繩子，打結固定（C）。

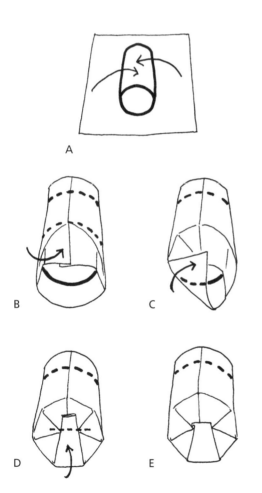

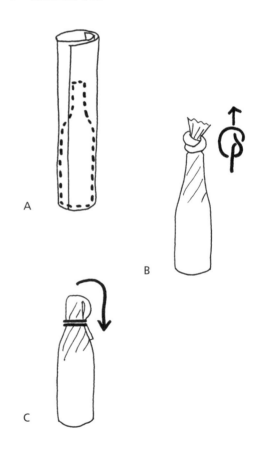

自製書卡

成品圖 p.50

a：中間的大書卡

A4 紙 1 張
尺、美工刀

1　將 A4 紙的長邊摺成 4 等分、短邊摺成 2 等分，壓出摺痕後攤開。

2　用尺對齊圖中的粗線，以美工刀劃開。

3　把 2 的紙上下對摺，如 p.50 的圖所示，摺成蛇腹狀（A）。將切口處縱向拉開，讓紙呈現十字狀，x 與 y 分別往兩側摺，當作封面和封底（B）。

*　圖中箭頭所指的是書卡的下邊。紙的上、下段是呈現上下顛倒的狀態，所以寫字或畫圖時，請留意方向。

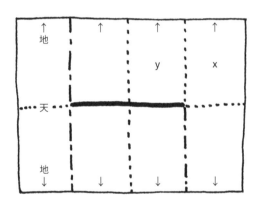

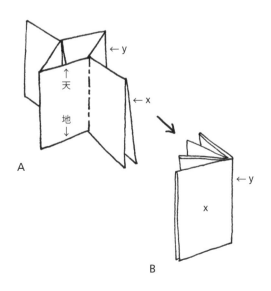

b：左上的小書卡

將 A4 紙從短邊對半裁開成長條狀，長邊摺成 8 等分、短邊摺成 2 等分，壓出摺痕後攤開。用美工刀劃開粗線部分，摺成蛇腹狀即完成。

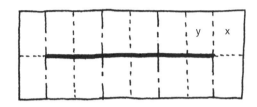

c：右上的小書卡

將 A4 紙從短邊對半裁開成長條狀。長邊摺成 4 等分、短邊摺成 2 等分，壓出摺痕後攤開。用美工刀劃開粗線部分，摺成蛇腹狀。橫開的紙卡就完成了。

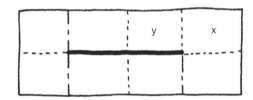

d：中下的迷你書卡

將 A4 紙從短邊裁成 4 等分的長條狀。長邊摺成 8 等分、短邊摺成 2 等分，壓出摺痕後攤開。用美工刀劃開粗線部分，摺成蛇腹狀。橫開的紙卡就完成了。

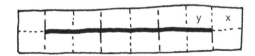

用蔬菜做印章

成品圖 p.50

材料

外形偏圓的馬鈴薯	1、2 個
胡蘿蔔的尾端	1、2 個
食用色素（紅、黃、藍、綠）	各適量
雕刻刀、盤子	

馬鈴薯提籃章

1 馬鈴薯對半切開，在切面雕刻提籃的圖案。先雕提把的部分：沿著邊緣，於上半部雕出方向一致的短斜線。

2 接著雕提把下方的簍空部分：沿著 1 的雕痕，在內側深雕出倒置的碗形。

3 最後雕籃子的部分：在剩下的下半部雕出方向交錯的斜線。

4 準備一個平盤，倒入紅色與黃色的液態食用色素（或是用粉末加水溶解），再加極少量的綠色或藍色食用色素，以湯匙攪混，調成褐色。

5 用 3 沾 4 的色素液，在紙上蓋出圖案。

* 利用馬鈴薯的天然外形，可以做出各種不同形狀的提籃章。以食用色素代替顏料，蓋完章後不必丟掉，切除約 1cm 厚的面，就能拿來做菜。

胡蘿蔔花章

1 切下胡蘿蔔前端，在直徑 2cm 的切面上雕刻花的圖案。

2 先雕花瓣的部分：用雕刻刀從邊緣往中心雕出一圈同方向的斜線，並在中心雕一個圓，代表花芯。

3 沾取紅色或黃色的食用色素液，在紙上蓋出圖案。

鐵絲衣架的緞帶架

成品圖 p.54

用鉗子剪斷衣架底部的一端（A），彎折肩部的前端（B），當作勾爪。這樣就可以掛在任何地方，相當方便。

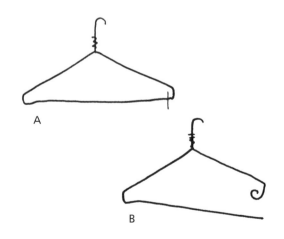

餐巾布小植栽

成品圖 p.52

1 將餐巾布往上對摺（A），從圖中上方的虛線往下摺，再從下方的虛線往後對摺（B）。

2 從邊端捲起，捲好後用迴紋針固定（C）。

3 花莖用線束好，切口用沾濕的餐巾紙纏繞，包上鋁箔紙（D）。

4 把 3 插入 2 裡，置於盤上。

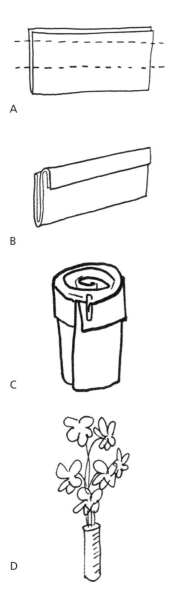

蝴蝶結

成品圖 p.53

1 先在盒子上綁出十字（A）。

2 將十字下側的繩子 x「由上而下，再往上」繞成山形，做出圖中①、②、③的環圈（B）。

3 左手抓住中央，把十字上側的繩子 y 以順時針方向圈繞住①、②、③，穿入圈繞時形成的洞，再拉出環圈，將④往圖中箭頭方向拉緊（B）、固定（C）。

4 用手把 4 個環圈調整成蝴蝶狀，剪掉多餘的繩端。

＊ 繩端（蝴蝶的觸角）一定會在下方，打完結後，記得將盒子翻轉 180 度。

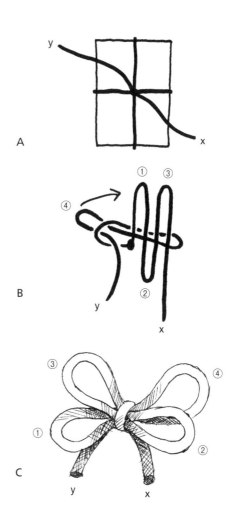

里昂風格手提繩結

成品圖 p.54

材料

1 條繩子，長度＝盒子綁十字後再預留 25cm 左右

1 請參閱 p.39 的綁法，用繩子在盒子上綁出十字、打蝴蝶結。

2 將蝴蝶結兩條繩角的長度調成一致，打結（A）。

3 把蝴蝶結的兩個環圈向外拉開，使中心的結滑至 **2** 的打結處（B）。用手指將兩個環圈交互纏繞成一個圈（C）。

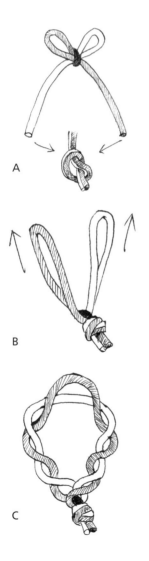

酒瓶的手提繩結

成品圖 p.54

材料

長 60cm 的繩子　1 條

1 繩子對摺，前端做出「直徑 1cm 的環圈」，下方的繩子扭轉約 8cm（A）。

2 將環圈壓按於瓶頸旁，先把 x 穿入「1cm 的環圈」，以逆時針方向纏繞瓶頸，這麼一來扭繩就會形成一個「大環圈」，將 x 穿入大環圈後拉出（B）。

3 把 y 以順時針方向纏繞瓶頸，穿入「1cm 的環圈」，再穿入紐繩的「大環圈」與 x 端之間的縫隙後拉出（C、C'）。

4 拉緊 x 與 y，用繩子將瓶頸栓牢至不會鬆開的程度，再將 x 與 y 打平結固定（D）。最後把 x、y 的尾端打結，剪掉多餘的繩端（E）。

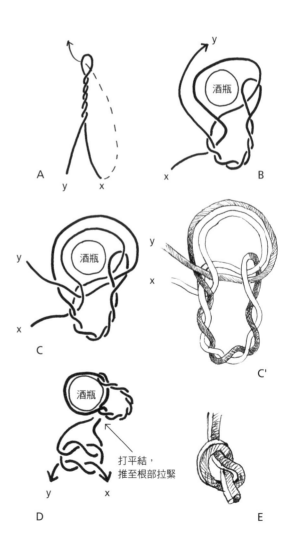

科梅爾西風格手提繩結

成品圖 p.54

材料

1 條繩子，長度＝盒子綁十字後再預留 20cm 左右

1. 在繩子的一端打一個結 x，用左手將 x 結固定在盒子中央，讓繩子從右往左繞一圈（A）。
2. 把 x 穿過 y 後打結，用力拉緊 y（B）。再把 y 從下往上繞一圈，將盒子綁上十字結（C）。
3. 將 y 端穿入下面的繩子後打結（D、E），再穿入右邊的繩子與下面的繩子，做出直徑 5cm 的環圈（＝提把的部分。F）。
4. y 端繞過環圈（G），穿入環圈與 y 之間（H）。用力拉緊 y 端並剪斷，只保留約 1cm 的長度（I）。藉由繩子相互交叉，形成不會鬆脫的狀態，尾端就算剪短也不會鬆開。

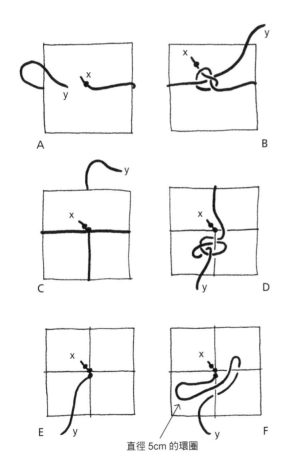

直徑 5cm 的環圈

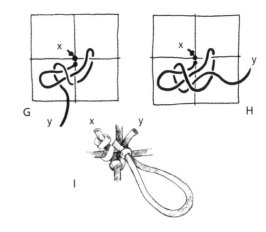

竹葉麻糬的繩結

成品圖 p.55

材料

1 條繩子，長度＝內容物長度的 6 倍左右

1. 準備一張烘焙紙，尺寸為「可纏繞內容物一圈半的寬度 × 上下能夠綁起來的長度」。取兩個西班牙傳統酥餅，底對底做成圓球，將兩顆圓球（共 4 個酥餅）放在紙的中央。
2. 將紙捲起來（A）。
3. 套上繩子，將下方的 x 以順時針方向繞一圈後拉緊，上方的 y 以逆時針方向繞一圈後拉緊（B）。
4. x 在中心位置穿入 y 下，y 從右往左繞一圈後拉緊（C、D）。
5. x 與 y 交叉，在正中央打上蝴蝶結（E）。

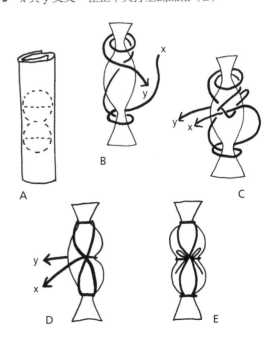

d：寶石皇冠

成品圖 p.105

1 在長方形的紙上摺出十字摺痕後攤開。

2 四個角對齊中心線，摺成三角形（A、B）。

3 翻面，上下的尖端對齊中心往內摺（C）。

4 上下往外對摺，左右朝中心線往內摺，壓出摺痕後攤開（D）。

5 中心的三角形往下攤開（E）。左右兩角對齊摺痕摺成三角形。再把左右兩角對齊中心線往內摺（F）。

6 摺好的狀態（G）。下方往上摺。

7 摺好的狀態（H）。用手撐開內部，使其變立體。

8 用糖果的錫箔包裝紙揉成小球插在牙籤上，再插入皇冠的尖端，用膠帶固定（I）。

* 成品尺寸
紙的短邊長度的一半＝皇冠的寬度（本書是用短邊60cm 做成寬30cm 的帽子）。兒童用：短邊40～50cm 的長方形紙。大人用：短邊50～60cm 的長方形紙。

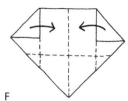

E

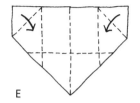

F

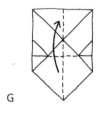

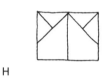

H

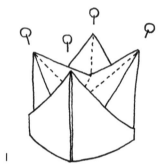

G

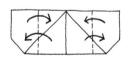

I

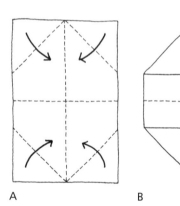

A

B

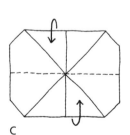

C

D

e：雨帽

成品圖 p.105

1 在正方形的紙上摺出十字摺痕後攤開，往下對摺。如圖所示，將上方的兩角摺成對稱的三角形（A）。

2 摺好的狀態（B）。

3 撐開兩邊的三角形並壓摺（C），再分別從中心線往後摺。

4 把下方兩端的兩張紙分開，上面那張分別往上斜摺（D）。

5 將下方往上摺至虛線處（E），再往後摺成一半，塞入內側（F）。

6 摺好的狀態（G）。背面也是相同摺法。

7 最後把點心的包裝紙摺成梯形，塞入帽沿的縫隙（H）做裝飾。

* 成品尺寸
紙的邊長的 3/4 ＝帽子的寬度（本書是用 60cm 的正方形紙做成寬45cm 的帽子）。兒童用：邊長 40～50cm 的正方形紙。大人用：邊長 50～60cm 的正方形紙。

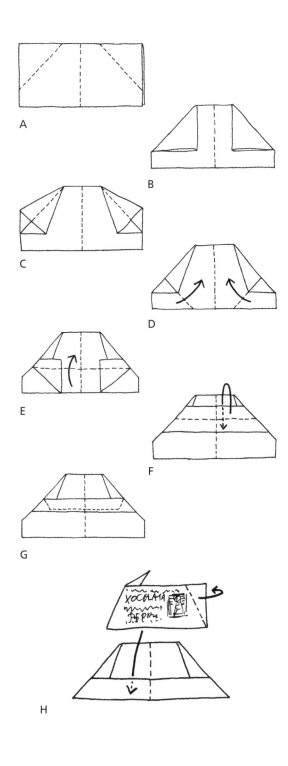

g：廚師帽

成品圖 p.105

1. 在正方形的紙上摺出十字摺痕後攤開，往上對摺。如圖所示，左上角與右下角對齊中心線摺成三角形（A）。

2. 將 x 置於左上。將兩個三角形稍微拉開，下面的平行四邊形沿著中央的虛線往後對摺（B）。

3. 摺好的狀態（C）。左邊的三角形縱向對摺，把 x 塞入右側三角形內（D）。

4. 摺好的狀態（E）。翻面，背面也是相同摺法。用手撐開內部，使其變立體（F）。

5. 將兩個頂點往內摺，相接處（圖中的箭頭處）插入餐巾紙與湯匙（G）做裝飾。

* 成品尺寸
  紙的對角線長度的¼＝帽子的寬度（本書是用 90cm 的紙做成寬約 32cm 的帽子）。兒童用：邊長 70～80cm 的正方形紙。大人用：邊長 80～90cm 的正方形紙。

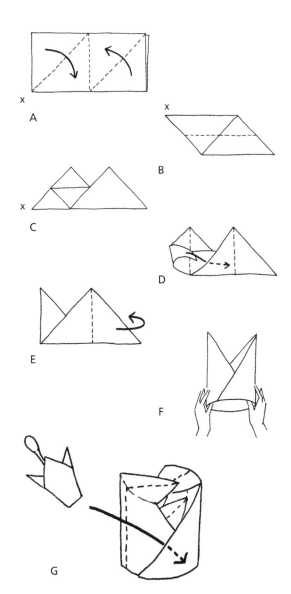

149

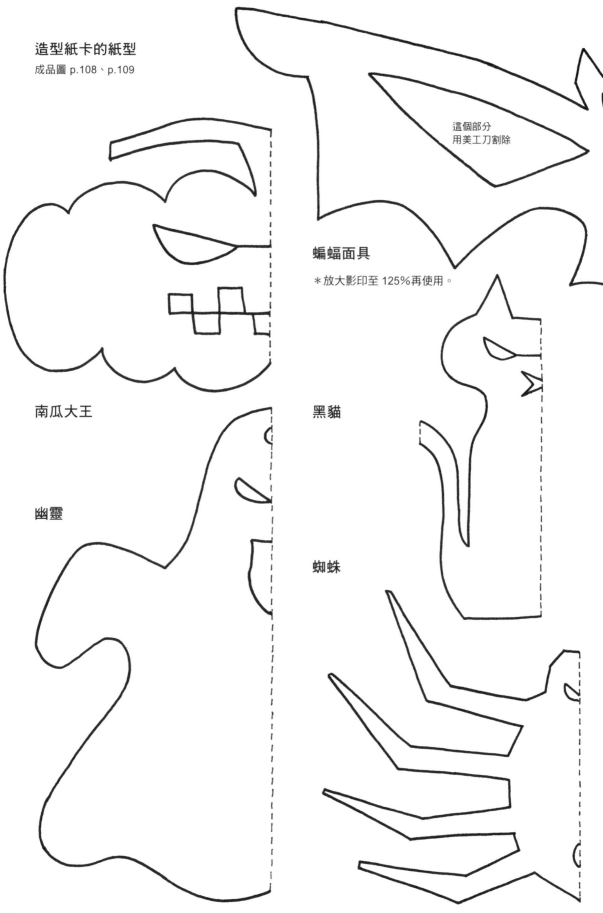

造型紙卡的紙型

成品圖 p.108、p.109

這個部分
用美工刀割除

蝙蝠面具

＊放大影印至 125％再使用。

南瓜大王

黑貓

幽靈

蜘蛛

包裝材料採購導覽

在此為各位介紹能夠購得本書使用的包裝材料的店家。為了方便應用，我盡可能選用基本款的包材，但有些包材的種類或設計已經改變或停產，或許買不到一模一樣的。不過，以下介紹的都是商品種類豐富的店家，各位一定能找到喜歡的材料，請帶著期待的心情前往選購吧！

Propack 合羽橋店 ※ 2021 年 3 月歇業
プロパックかっぱ橋店
http://www.propack.jp/
位於東京合羽橋道具街的包裝材料與食材專賣店。1 樓至 6 樓擺滿了食材包裝、日用雜貨、事務用品、瓦楞紙箱等各式各樣的包材。逛著逛著，腦中會不斷湧出「這個可以那樣用」的靈感，每次都得上三小時才捨得離開。可少量購買的商品很多，相當方便。食品用包材、袋子、包裝紙、繩子等基本包材都很便宜。

* 雞皮紙（900×1200mm／100 張）p.20、24、25
* 原色牛皮平口紙袋 p.14
* 白色素面紙袋 p.64
* 大豆油蠟紙 p.28、68
* 側開式蛋糕盒 p.32、53、其他
* 白色素面漢堡袋 p.32

本間商店
http://www.honma-store.jp/
位於東京合羽橋道具街的包裝材料與食材專賣店。可少量購買的商品很多，相當方便。也有許多其他店家找不到的包裝材料。便當容器、點心用包材、袋子、包裝紙、繩子等基本包材都很便宜。

* 烘焙紙（30×39cm／業務用 100 張）p.23、26、27、29、96、97、113、117
* 白色素面包裝紙（788×1091mm／純白單光紙 500 張）p.7、22、29、30～32、36～49 等
* 全開白蠟紙（75×100cm／50 張）p.8～13、其他
* 日本國產蕾絲紙（旭蕾絲紙）p.84

伊藤景包材產業株式會社
伊藤景パック產業株式会社
https://itokei.co.jp/
位於東京合羽橋道具街的包裝材料專賣店。法式熟食店、甜點店、便利超商等店家會用到的簡易容器一應俱全。可少量購買的商品很多，相當方便。紙杯或甜點杯、蛋糕紙模、便當容器等基本包材都很便宜。

* 紙杯（容量 350ml、180ml）p.128
* 紙袋（西久保開窗式白色素面熱狗紙袋‧大）p.56

SHIMOJIMA
シモジマ
https://www.shimojima.co.jp/
總店位於東京淺草橋的包裝材料專賣店。從事務用品到食品用包材，豐富齊全的商品種類令人驚喜。可少量購買的商品也很多，相當方便。基本包材都很便宜。

* OPP 透明包裝袋 p.57
* 素面緞帶 p.38、39、101
* 捲筒牛皮紙（120cm×30m）p.68、69、105

台灣分店：
台灣下島包裝廣場
http://www.shimojimataiwan.com/home/main.php

Der Kleine Laden Tokyo
デアクライネラーデン東京
https://www.dkldkl.com/
橫濱元町的進口紙雜貨老店，德國製品的種類豐富是該店的特色。店內的蕾絲紙多達數十種，還可以少量購買，真的很棒。

* 各種蕾絲紙 p.76～89（p.84 除外）

cuoca
cuoca
https://www.cuoca.com/
烘焙材料專賣店，線上商店的品項也很豐富。包裝材料的種類雖然不多，卻經常配合季節推出特賣，或是引進國外的可愛設計商品，也能少量購買。

* 紙容器、封口束帶 p.84

富澤商店
https://tomiz.com/
以烘焙材料為主的食材專賣店。在日本有 40 家直營店，還有線上商店。販售紙容器、巧克力紙模、蛋糕盒等基本包材，供貨量穩定。可以少量購買。

* 萃取自植物成分的食用色素 p.45、48～51
* 紙容器 p.84

台灣官方臉書粉絲專頁：
富澤商店台灣
https://www.facebook.com/tomiztw/

D & DEPARTMENT
https://www.d-department.com/
店內陳列及販售永續設計（Long Life Design）的商品，線上商店的品項也很豐富。可以找到適合包裝的有趣材料。通常必須大量購買的業務用品，在這裡也可少量購入。

* 業務用冰淇淋杯 p.125

竹尾　見本帖總店 1F 商店
竹尾　見本帖本店 1F ショップ
https://www.takeo.co.jp/
位於東京神田錦町，深得設計師喜愛的複合式藝文空間。店內商品種類齊全，宛如紙的博物館，300 家廠牌（2700 種）的紙以漸層色系的方式陳列，一目了然，便於挑選。因為是當作樣品販售，每人限購 15 張 A4 大小的紙。若需要大量購買，可向店員洽詢。

* 各種彩色洋紙 p.65、92、93、108、109、112、113、116、120、121

takeopaper.com
竹尾ペーパードットコム
https://takeopaper.com/
可訂購紙張的線上商店，相當方便。紙的種類約 9000 種，基本上都是全紙（製紙公司流通的大張原紙）。尺寸有時會依廠商或種類出現些許差異），也有提供裁紙服務。不過，訂購時需要具備基本的專業知識。初次購買者，建議先從店家網站購買樣本「竹尾 mini sample」，確認實物後再訂購。

銀座伊東屋
https://www.ito-ya.co.jp/
東京銀座的文具專賣店。紙、袋子、盒子、貼紙、緞帶、繩子等包裝材料可在店內一次買齊。彩色洋紙與各種和紙的種類也很豐富。

* 圓形標籤貼紙 p.45、108
* 素面貼紙 p.45、其他
* 事務用標籤貼紙 p.46
* 米色紙膠帶 p.64
* 白色素面紙袋 p.16
* 和紙 p.117

東京鳩居堂
https://www.kyukyodo.co.jp/
創業於 1663 年，販售線香、日式文具、和紙的老店。想做和風的包裝，來這兒準沒錯。

日本橋　榛原
https://www.haibara.co.jp/
位於東京日本橋，創業 200 年的和紙用品老店。商品包含江戶千代紙、水引繩結、壓歲錢袋等，適合用來做和風的包裝。

mt masking tape
エムティ マスキングテープ
https://www.masking-tape.jp/
販售各式各樣的印花紙膠帶，線上商店的品項也很豐富。

＊銀色紙膠帶 p.36、37、40、43、其他

東急 HANDS　澀谷店
東急ハンズ　渋谷店
https://www.tokyu-hands.co.jp/
販售彩色洋紙與印花包裝紙等。其他如接著劑、鐵絲、手工藝用品等可用作包材的品項也很豐富。

台灣分店：
台隆手創館
https://www.hands.com.tw/

YUZAWAYA
ユザワヤ
https://www.yuzawaya.co.jp/
以布料為主的裁縫與手工藝材料專賣店。緞帶、毛線或繩子等可用作包裝的材料也很多。東京吉祥寺分店、蒲田分店的樓層面積廣闊，商品種類豐富。

＊彩色紗布 p.72、73

CINQ
サンク
http://www.cinq-design.com/
位於東京吉祥寺的人氣雜貨店。商品皆是店家精選且數量少，販售簡單有質感的北歐繩線與毛線。

＊雙色繩 p.108、113、116

la droguerie
ラ ドログリー
http://www.ladroguerie.jp/
在京都、東京等處皆設有分店的法國手工藝材料店。毛線的花色種類令人驚嘆，還可少量購買（毛線 10g 起跳，緞帶 10cm 起跳）。串珠、人造花、鈕釦等可用作包裝的材料也很多。

＊毛線、棉線、繩子 p.60、61、92、93

VK0055X

廚房裡的包裝設計
讓餐點好吃又漂亮的 150 種包裝方法與贈禮創意
＋ 40 道美味甜點食譜

城邦讀書花園
www.cite.com.tw

原 書 名	フードを包む 基本からわかる150のラッピングアイディア +40のおいしいレシピ
作　者	福田里香
譯　者	連雪雅
總 編 輯	王秀婷
責任編輯	張成慧
版　權	徐昉驊
行銷業務	黃明雪

發 行 人	涂玉雲
出　版	積木文化

104台北市民生東路二段141號5樓
電話：(02) 2500-7696｜傳真：(02) 2500-1953
官方部落格：www.cubepress.com.tw
讀者服務信箱：service_cube@hmg.com.tw

發　行　英屬蓋曼群島商家庭傳媒股份有限公司城邦分公司
台北市民生東路二段141號11樓
讀者服務專線：(02)25007718-9
24小時傳真專線：(02)25001990-1
服務時間：週一至週五09:30-12:00、13:30-17:00
郵撥：19863813｜戶名：書虫股份有限公司
網站：城邦讀書花園｜網址：www.cite.com.tw

香港發行所　城邦（香港）出版集團有限公司
香港灣仔駱克道193號東超商業中心1樓
電話：+852-25086231｜傳真：+852-25789337
電子信箱：hkcite@biznetvigator.com

馬新發行所　城邦（馬新）出版集團 Cite（M）Sdn Bhd
41, Jalan Radin Anum, Bandar Baru Sri Petaling,
57000 Kuala Lumpur, Malaysia.
電話：(603) 90578822｜傳真：(603) 90576622
電子信箱：cite@cite.com.my

封面設計	張倚禎
內頁排版	優士穎企業有限公司
製版印刷	上晴彩色印刷製版有限公司

FOOD WO TSUTSUMU by RIKA FUKUDA
Copyright © RIKA FUKUDA 2013
Traditional Chinese translation copyright ©2017 by Cube Press,
Division of Cité Publishing Ltd.
Originally published in Japan in 2013 by SHIBATA PUBLISHING
Co., Ltd.
All rights reserved.
No part of this book may be reproduced in any form without the
written permission of the publisher. Traditional Chinese translation
rights arranged with SHIBATA PUBLISHING Co., Ltd., Tokyo
through AMANN CO., LTD., Taipei.

本書改版自2017年5月9日出版之《廚房裡的包裝設計》
2022年8月25日　二版一刷　　　　　　Printed in Taiwan.
售　價／NT$499
ISBN 978-986-459-435-1
版權所有‧翻印必究

國家圖書館出版品預行編目（CIP）資料

廚房裡的包裝設計：讓餐點好吃又漂亮的150種包裝方
法與贈禮創意+40道美味甜點食譜/福田里香著；連雪
雅譯. -- 二版. -- 臺北市：積木文化出版：英屬蓋曼群
島商家庭傳媒股份有限公司城邦分公司發行, 2022.08
　面；　　公分
譯自：フードを包む：基本からわかる150のラッピン
グアイディア+40のおいしいレシピ
ISBN 978-986-459-435-1(平裝)

1.CST: 禮品 2.CST: 包裝

538.36　　　　　　　　　　　　　　　111011360

攝影協力：
花ちゃん
ひおき　はるくん
Tas Yard
坂口修一郎
紺谷ちぐさ
成田玄太
清水彩